KEXUE JIA

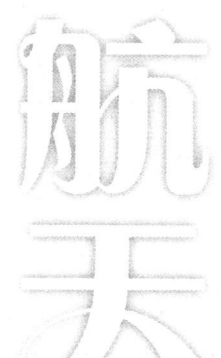

航天之父

布劳恩

魏光朴◎编著

HANGTIAN ZHIFU BULAOEN

辽海出版社

图书在版编目(CIP)数据

航天之父布劳恩／魏光朴编著.—沈阳：辽海出版社，2017.6
ISBN 978-7-5451-4135-1

Ⅰ.①航… Ⅱ.①魏… Ⅲ.①布劳恩(Braun, Wernher von 1912-1977)
-传记 Ⅳ.①K835.166.16

中国版本图书馆 CIP 数据核字(2017)第 135814 号

责任编辑：孙德军
封面设计：李　奎

出版者：辽海出版社
　　　地　址：沈阳市和平区十一纬路 25 号
　　　邮　编：110003
　　　电　话：024-23284381
　　　E-mail：dszbs@mail.lnpgc.com.cn
　　　http://www.lhph.com.cn
印刷者：北京一鑫印务有限责任公司
发行者：辽海出版社

幅面尺寸：155mm×220mm
印　张：14
字　数：218 千字

出版时间：2017 年 7 月第 1 版
印刷时间：2017 年 8 月第 1 次印刷
定　价：29.80 元

《世界名人传记文库》编委会

冯　鹤　　冯致远　　胡元斌　　王金锋　　李丹丹　　李姗姗

李　奎　　李　勇　　方士华　　方士娟　　刘干才　　魏光朴

曾　朝　　叶浦芳　　马　蓓　　杨玲玲　　吴静娜　　边艳艳

德海燕　　高凤东　　马　良　　文　夫　　华　斌　　梅昌娅

朱志钢　　刘文英　　肖云太　　谢登华　　文海模　　文杰林

王　龙　　王明哲　　王海林　　台运真　　李正平　　江　鹏

郭艳红　　高立来　　冯化志　　冯化太　　危金发　　仇　双

周建强　　陈丽华　　叶乃章　　何水明　　廖新亮　　孙常福

李丽红　　尹丽华　　刘　军　　熊　伟　　张胜利　　周宝良

高延峰　　杨新誉　　张　林　　魏　威　　王　嘉　　陈　明

总编辑　　马康强　　张广玲　　刘　斌　　周兴艳　　段欣宇　　张兰爽

总　序

我们每个人心中都有自己崇拜的名人。这样可以增强我们的自信心和自我认同感，有益于人格的健康发展。名人活在我们的心里，尽管他们生活在不同的时代、不同的国度、说着不同的语言，却伴随着我们的精神世界，遥远而又亲近。

名人是充满力量的榜样，特别是当我们平庸或颓废时，他们的言行就像一触即发的火药，每一次炸响都会让我们卑微的灵魂在粉碎中重生。

名人带给我们更多的是狂喜。当我们迷惘或无助时，他们的高贵品格就如同飘动在高处的旗帜，每次招展都会令我们幡然醒悟，从而畅快淋漓地感受生命的真谛。只要我们把他们视为精神引领者和行为楷模，就会不由自主地追随他们，并深刻感受到精神的强烈震撼。

当我们用最诚挚的心灵和热情追随名人的足迹，就是选择了一个自我提升的最佳途径，并将提升的空间拓展开来。追随意味着发现，发现名人的博大精深，发现时代赋予我们的使命，发现最真实的自我；追随意味着提升，置身于名人精神的荫蔽之下，我们就像藤蔓一般沿着名人硕大粗壮的树干攀援上升，这将极大地缩短我们在黑暗中探索的时间，从而踏上光明的坦途。

不要说这是个崇尚独立思考的年代，如果我们缺乏敬畏精神，那么只能让个性与自由的理念艰难地生长；不要说这是个无法造就伟人的年代，生命价值并不在于平凡或伟大。如果在名人的引领下，读懂平凡世界中属于自己的那本书，就能够成为最好的自己。

名人从芸芸众生中脱颖而出，自有许多特别之处。我们追溯名人成长的历程，虽然每位人物的成长背景都各不相同，但或多或少都具有影响他们人生的重要事件，成为他们人生发展的重要契机，并获得人生的成功。

名人有成功的契机，但他们并非完全靠幸运和机会。机遇只给有准备的人，这是永远的真理。因此，我们不要抱怨没有幸运和机遇，不要怨天尤人，我们要做好思想准备，开始人生的真正行动。这样，才会获得人生的灵感和成功的契机。

我们说的名人当然是指对世界和人类做出突出贡献的伟大人物，他们包括著名的政治家、军事家、发明家、文学家、艺术家、思想家、哲学家、企业家等。滚滚历史长河，阵阵涛声如号，是他们，屹立潮头，掀起时代前进的浪花，浓墨重彩地描绘着人类的文明和无限的未来，不断开创着辉煌的新境界和新梦想，带领我们走向美好的明天。

政治家是指那些在长期政治实践中涌现出来的具有一定政治远见和政治才干、掌握权力，并对社会发展起着重大影响作用的领导人物。军事家是指对军事活动实施正确指引或是擅长具体负责军事行动实施的人，一般包括战略军事家和战术军事家。

政治家、军事家大多充满了文韬武略，能够运筹帷幄，曾经叱咤风云，纵横天地，创造着世界，书写着历史，不断谱写着人类的辉煌篇章，为人们留下了许多宝贵的精神财富和物质财富。

科学发明家是指专门从事科学研究和发明，并做出了杰出贡献的人士。他们从事着探索未知、发现真相、追求真理、改造世界和造福人类的大学问。他们都有献身、求实、严谨和持之以恒的精神，都具有一颗好奇心。从好奇心出发，他们希望探知事物规律，具有希望看到事物本质一面的强烈意识与探索激情。还有就是他们都有恒心，他们在科学研究中不断努力，努力，再努力，锲而不舍，具有永不止步的追求精神。

文学家是指以创作文学作品为自己主要工作的知名人士和学者等。其中，诗人是指诗歌的创作者，小说家指小说创作者，散文家指散文创作者，而文学家则是指在诗歌、小说、散文、戏剧等各种文学体裁领域均取得一定成就的创作者，他们是人类精神财富的创造者。

艺术家是指具有较高审美能力和娴熟创作技巧并从事艺术创作劳动而具有一定成就的艺术工作者。进行艺术作品创作活动的人士，通常指在绘画、表演、雕塑、音乐、书法及舞蹈等艺术领域具有比较高的成就，并具有了一定美学造诣的人。他们是生活中美的发现者和创造者，极大地丰富着我们的生活。

哲学家、思想家是指对客观现实的认识具有独创见解并能自成体系的人士。思想主要是用言语和符号来表达的，而致力于研究思想并且形成思想体系的人就是哲学家、思想家。他们用独到的思想解决生活中遇到的问题，且在此过程中逐渐认识自我与宇宙，以此解决人们思想认识上矛盾迷惑的问题。他们是我们人类灵魂的工程师，塑造着我们的人格，探讨所有人类重要的问题和观念，并创造出一种思考和思想的能力，闪烁着智慧的光芒，照耀着人类前进的步伐，推动着人类思想和精神不断升华，使人类不断摆脱低级状态，不断走向更高境界。人是有思想和精神的高级动物，因此，哲学家和思想家是人类不可或缺的，是我们人类的伟大导师。

企业管理家是最直接创造财富的人。他们创造物质财富，推动社会不断进步，使得人们更加幸福。财富虽然只是一个象征，但它与人们的生活、国家的发展、民族的强盛等息息相关。企业家也创造巨大的精神财富，他们在追求财富过程中所表现出来的创新、冒险、合作、敬业、学习、执著、诚信和服务等精神，是我们每一个人学习的榜样。

我们追踪这些名人成长发展过程中的主要事件，就会发现他们在做好准备进行人生不懈追求的进程中，能够从日常司空见惯的普通小事上，碰撞出思想的火花，化渺小为伟大，化平凡为神奇，从而获得灵感和启发，获得伟大的精神力量，并进行持久的人生追求，去争取获得巨大的成功。

影响名人成长的事件虽然不一样，但他们在一生之中所表现出来的辛勤奋斗和顽强拼搏的精神，则大同小异。正如爱迪生所说："伟大人物最明显的标志，就是他们拥有坚强的意志，不管环境怎样变化，他们的初衷与希望永远不会有丝毫的改变，他们永远会克服一切障碍，达到他们期望的目的。"

爱默生说："所有伟大人物都是从艰苦中脱颖而出的。"因此，伟大人物的成长也具有其平凡性。正如日本著名歌人吉田兼好所说："天下所有伟大人物，起初都是很幼稚且有严重缺点的，但他们遵守规则，重视规律，不自以为是，因此才成为名家并进而获得人们的崇敬。"所以，名人成长也具有其非凡之处，这才是我们应该学习的地方。

英国著名哲学家培根说："用伟大人物的事迹激励青少年，远胜于一切教育。"为此，本套作品荟萃了古今中外各行各业最具有代表性的名人，阅读这些名人的成长故事，探知他们的人生追求，感悟他们的思想力量，会使我们从中受到启迪和教育，让我们更好地把握人生的关键，让我们的人生更加精彩，生命更有意义。

简　介

韦纳·冯·布劳恩（Wernher von Braun，1912~1977），德国火箭专家，现代航天学的奠基人之一，被誉为"现代航天之父"。

1912年3月23日，布劳恩出生于德国维尔西茨的一个贵族家庭。13岁时，他在柏林豪华的使馆区进行了他的第一次火箭实验。1932年春天，布劳恩从夏洛滕堡工学院毕业，获得航空工程学士学位，接着他转入柏林大学学习。在那里他建立起了自己的实验小组。

1934年，这位22岁的学生科学家以物理学博士学位毕业。

毕业后，布劳恩以其对独创性工程的巨大热情，领导他的技术团队，最终研制成功大功率的使用液体推进剂的V-2型火箭。V-2型火箭诞生的意义可以与航空领域内莱特兄弟发明的飞机相提并论。

1944年3月，布劳恩被盖世太保抓进了监狱。记录在案的逮捕原因是：他和他的同事们一起声明，他们从来没有打算把火箭发展成为战争武器。最终由于朋友们的多方营救和叛国罪名理由不充分，布劳恩被释放了。

第二次世界大战中他设法与美国人取得联系，带领数百名德国火箭研究人员向美军投降。他认为，把"我们的'婴儿'交给妥当的人，这是我们对人类应尽的责任"。

1958年1月31日，布劳恩领导研制的火箭将美国第一颗卫星

"探险者1号"送入预定轨道。美国建立国家航空航天局后，布劳恩成为该局亨茨维尔中心的主任。

1969年7月16日，当由马歇尔中心研发的"土星5号"运载火箭携带"阿波罗11号"成员开始了历史性的8天航天任务时，布劳恩将人类送上月球的梦想终于实现。

20世纪70年代初，任职于航空航天局的布劳恩开始着手航天飞机的研制工作。1977年6月16日，布劳恩因患肠癌在美国华盛顿逝世，终年65岁。

布劳恩在火箭技术和太空探测等方面都有光辉的成就。他先后为著名的V-2型火箭的诞生、美国第一颗卫星的发射成功，以及第一艘载人登月飞船"阿波罗11号"登上月球做出了突出贡献，而美国航天飞机的研制也是源自于他的设想。

他最大的成就是在担任马歇尔太空飞行中心总指挥时，主持"土星5号"的研发，成功地在1969年7月首次实现了人类登陆月球的壮举。

1977年，布劳恩获美国国家科学奖。

他的博士学位论文论述了液体推进剂火箭发动机理论，对航天事业的发展意义重大。甚至在大约30年后，德国宇宙飞行协会还将该文作为其正式期刊的特刊重新出版。

美国国家航空航天局用以下的话来形容布劳恩："毋庸置疑的，他是史上最伟大的火箭科学家。"

阿波罗计划的总指挥山姆·菲利普斯认为，若无布劳恩，美国的登月计划绝不可能在如此之短的时间里取得成功。

1981年4月首次试飞成功的航天飞机，当初也是在布劳恩的创意下研制成功的。因此，他被誉为"现代航天之父"。

国际天文联合会将月球上的一座环形山以其名字命名。

目　录

有探险精神的孩子

1912 年 3 月 23 日，韦纳·冯·布劳恩出生于德国东普鲁士波森省维尔西茨的一个贵族家庭。布劳恩出生时，家里还有一个大他一岁的哥哥。

他的父亲马格努斯·冯·布劳恩男爵是省议会议员，以善于解决问题和判断准确而闻名。他的母亲埃米·冯·布劳恩男爵夫人是一个出色的业余天文爱好者。她出身于贵族世家，兼有瑞典和德国血统，有很好的修养和学识。她酷爱文学和音乐，能熟练地用六种语言会话。

夫妇两人的家族均可追溯至中世纪时期的皇室。

布劳恩受母亲影响很深，在他小时候，酷爱音乐和文学的母亲总是循循善诱，使他产生好奇心，引起他求知的欲望。布劳恩 6 岁在路德派教堂行坚信礼后，母亲没有按常规送他金表，而是给他一架望远镜。

每天晚上临睡之前，布劳恩常用他的小望远镜对着星星看上一两个小时。"于是，我也成了一个业余天文爱好者，从那时起开始对宇宙产生了兴趣。"布劳恩说。"那些星星上会有生命吗？人能不能上月亮上面去啊？"他经常这么想。

布劳恩刚出生时，执行对外扩张政策的德国与英、法等国之间摩擦不断，1914年8月终于爆发了两大阵营间的第一次世界大战。

在经过了4年零3个月的战争后，作为战败国的德国被迫签订了《凡尔赛条约》，不仅要赔付50亿美元的战争赔款，还要割让约10%的领土以及所有的海外殖民地。

由于第一次世界大战中德国本土并未受到战火的波及，所以元气并未受到过大的伤害，工业体系依然保存完整。

此时，德国国内各派政治势力、各种政治思想你争我夺，在1919年1月建立了不甚稳定的民主政府，即魏玛共和国。20世纪20年代初，布劳恩的父亲进入内阁，并担任政府农业和教育部长，布劳恩全家也搬到了柏林。

战后的德国经济非常脆弱，新政府面临着严重的经济危机和惊人的通货膨胀。比起普通家庭，布劳恩家族要幸运得多，他们仍然过着不错的生活。

还是个孩子的小布劳恩对那个时代的政府更迭以及社会的变革并没有多大的兴趣，也并不关心劳动阶级和他们的日常生活。

20世纪20年代初科学技术快速发展，已经出现了双发动机飞机，汽车也已经成了流水线上的产品……此时的德国柏林，汇集了大批著名的科学家，包括相对论的创立者、现代物理学奠基人、1921年获诺贝尔物理学奖的爱因斯坦等。特别是物理学和化学方面，几乎每个月都有令人振奋的突破出现。

当时，柏林有两个胆量过人的发明家，马克斯·法利尔和弗里茨·冯·奥佩尔，他们多次进行火箭试验，并把火箭绑到竞赛用汽车，甚至火车上，创造了一个又一个惊人的速度纪录，轰动了整个德国，他们俩也成了誉满全德的英雄。

在此之前，俄、美、法等国的科学家也在开展火箭的研究工作，并取得了一些进展。与此同时，大量的有关太空和火箭的论文及科普作品，包括这一题材的科幻小说同时涌现出来，如法国人儒勒·凡尔纳的《从地球到月球》、德国科学家库尔德·拉斯维茨的科幻小说《两个行星上》等，不光是一种遐想，也非常具有科学性。他们的作品与当时的科学探索发现是紧密结合的，既不同程度受到不断出现的新技术、新发现的影响，又对航天科学的发展起到了极大的推动作用。后来的许多火箭专家和航天先驱者都受到了这些作品的启发和激励。

这些成就同样引起了布劳恩的极大兴趣，他经常购买和阅读这类书籍，使他对太空充满了无限的憧憬，已迫不及待想进行自己的火箭试验了。

第一次火箭试验是在柏林豪华的使馆区的一条街道上进行的。他从附近的一个烟火商那里买来6支特大号的烟火，牢牢绑在自己的滑板车上。

随着烟火被点燃，"火箭车"拖着彗星尾巴似的火焰蹿了出去。"我欣喜若狂，"布劳恩回忆道，"车子完全脱出了控制，我万万没有想到会有这么大的威力。"街上的人吓得大喊大叫。

最后，烟火在巨响中燃烧干净，滑板车也停了下来。警察很快就把他抓住。幸好没有人受伤，所以就把他释放了，交给部长先生——他的父亲去管教。

父亲的呵斥并没有影响布劳恩对火箭的兴趣，那个飞奔的火箭车反而引起了他更大的兴趣。他在哥哥西吉斯蒙德的帮助下，发射了许多自制的烟火。

因为他几乎是个外行，所以事故频发：那些烟火有时会落到水果摊上，炸得果肉横飞；有时又钻进了面包铺，炸得面包满地乱滚……布劳恩因此被父亲关在屋子里一两天。

当时的布劳恩是一个非常具有探险精神的孩子。他发现生活中的许多东西都值得探究，但是这些在他的学校课程里几乎都没有。

他的学校是法国人办的大学预科，传统意识很浓厚。两百多年前，法国胡格诺派新教徒受本国信奉天主教的国王的迫害逃亡到此地，普鲁士的腓特烈大帝为他们的子弟办了这所学校。

至1925年，该校还保持着老习惯，所以布劳恩不是把该尤斯·尤里乌斯·恺撒的《高卢战记》译成本族语德语，而是译成法文。他的外语，尤其是法语，有很大进步，但他忽略了其他课程。

显然，他不怎么喜欢这种教育方法，所以产生了一些抵触情绪，成绩单上的分数也总是让他的父母忧心忡忡。他的物理课成绩很差，数学也没好多少。

布劳恩学习上不够努力，但却有很强的动手能力，经常搞一些让老师看来不务正业的东西。在比较关键的一个学年中，布劳恩又有了一个同龄孩子想都不敢想的主意，他下定决心要搞一种比自行车更好的交通工具。

他在一个从密歇根州大瀑布城来的同学比奇·康格的帮助下，开始在父亲的汽车库里自己动手造汽车。东拼西凑的零件和工具在两个孩子手里最终没能变出来一辆汽车，但这次失败并没打消他的热情。

因为造汽车花费了大量的时间和精力，所以很自然地耽误了复习功课，结果布劳恩不但数学不及格，物理也不及格。感到脸上无光的马格努斯·冯·布劳恩认为自己再也没有办法教育这个孩子了，于是考虑要通过别的途径加强对布劳恩的管教，就把他转到了魏玛附近的埃特斯堡寄宿学校。

建造学校天文台

埃特斯堡寄宿学校以先进的教学方法，以及师生之间保持着密切的私人关系而闻名。

那里的校舍富丽堂皇、气势宏大，是一座看上去大厅和走廊甚至屋顶都极富动感的大别墅。歌德在写《浮士德》和《伊菲格尼》等巨著的时候，曾经在这里住过好几个星期。

在这优美的环境和良好的学习氛围中，布劳恩的文化课开始有了一些进步。这个学校不仅在教育方式上别具一格，甚至在教育的内容上也和许多学校不一样。

这里的学生在上午上完 6 小时课以后，下午的时间便被学校安排进行木工、农事方面的实践学习，甚至还要求他们开展一些对他们来说很辛苦的石工的活动。

小布劳恩很喜欢做这些活动。因为少了许多在家里所受的约束，每当天气晴朗的夜晚，在就寝之前，他总能饶有兴趣地拿起他的小望远镜对着夜空的点点星光看上一两个小时。

1925 年的一天，布劳恩无意中在一份天文学杂志上看到了一本书的广告，书名叫《飞向星际空间的火箭》，这本书是一位火箭专家赫尔曼·奥伯特写的，内容是有关航天方面的。曾经造过"火箭车"的布劳恩早就听说过这本书，他恨不得立刻就读到这梦寐以求的好书。于是，他马上邮购了一本。

"那本珍贵的书一到，我马上拿到自己的房间里，"他回忆道，"但是打开一看，我惊呆了，满纸都是五花八门的数学公式，简直叫人莫名其妙。我只好跑去找数学老师，问他怎样才能弄懂赫尔曼·奥伯特说的话。他给我的建议是好好学习数学和物理，可那是我最差的两门功课！"

布劳恩下定决心，全力攻读这两门叫他备感头痛的学科，努力的结果是他的成绩逐渐得到了提高。

1928年，他又转学到了北海施皮克罗格岛上的赫尔曼·利茨学校。因为渴望弄懂奥伯特航天书里的内容，布劳恩延续了在上一个学校里刻苦学习的精神，时间不长就成了班上功课最好的学生。

而在课外，那些涉及火箭和航天内容的科普读物展示出的宇宙空间的诱人前景，更是不断加深了布劳恩从小就有的天文学兴趣。那只母亲给他的小望远镜，已经不能适应他日益开阔的视野了。

考虑再三，布劳恩决定在学校搞一个设施完备的天文台。

布劳恩找到了不苟言笑的老校长，大着胆子向他陈述了建天文台的理由。校长首先惊讶于这个孩子的想法，其次对他的胆量和口才表示出极大的赞许。

校长被成功地说服了。学校购买了一架高级的折射望远镜，这件事展示了布劳恩为实现科学梦想不可思议的筹款的能力。为了建造天文台的外围结构，他又在同学中组织起了一个石木工小组，他在这个过程中的组织才干也显露了出来。

建好后的天文台，得到了全校师生的广泛称赞。从此以后，学校有了一个学习天文学的基地，而布劳恩也承担起义务讲解员的工作，并组织了天文学小组，开展了一些简单的天文研究工作。

因为当时社会上对火箭和宇宙空间方面的关注不断升温，所以不少学校的老师都带领学生前来参观，这让利茨学校声望大增。

学习和各方面能力都非常突出的布劳恩引起了学校董事会的关注，并得到的一致认可，他们觉得应该给这个孩子一个机会。

有一天，校长对布劳恩说，如果他能通过今年的毕业考试，他可以比同班同学早一年毕业。布劳恩自信满满地表示，非常乐意试一试。

不久，他所在班级的数学老师病倒了，学校让成绩优异的布劳恩代课。他的责任是设法让班上的每一个同学在考试中都能及格。

此后，他白天忙于代理数学老师教课，晚上进行自习辅导，还要利用难得的空隙时间加强自己的功课。小布劳恩似乎永远都比别的孩子有更多的时间和更充沛的精力。

不久，一位对他们进行考核的教授从大陆来到施皮克罗格岛。刚一到，这位严厉的教授就出了一连串难题，对学生们进行"狂轰滥炸"。但是让他颇感意外的是竟然每个人都过了关。

布劳恩自己接受毕业考试时，所受到的"攻击"更猛烈，但他都出色地通过了考试。

提前毕业的布劳恩回到柏林，把制造火箭作为终身事业的他来到了夏洛滕堡工学院注册，在他看来，这个理工科大学有他想要学习的知识。

决心制造火箭的大学生

顺利地进入夏洛滕堡工学院的布劳恩，一心想要快些学到与火箭有关的知识，于是早就做好了用全部的时间和精力努力学习的准备。一开学，他就一头钻到图书馆，像寻找宝贝似的，在茫茫书海精挑细选后，借了许多有关火箭和宇宙空间的书，并确定好了选修课。

然而，按照学校严格的校规和极其注重实践的条例，他必须同时在博尔西希机器厂当学徒。

进厂头一天，一个留着长胡子，穿着老式工装的工头交给他一块和小孩子的头一样大的铁疙瘩。

"把它做成一个立方体，"那个工头瓮声瓮气地说，"每个角都磨成直角，每个面都要十分光滑，每条边都得相等。"他交给布劳恩一把锉刀，并指着一把老虎钳说："这些就是你的工具。"

"我非常恼火，"布劳恩谈起这次经历时说道，"为什么要浪费时间去锉一块铁呢？我要的是操作那些排列在过道里的复杂机器的实践经验。"

几天以后，布劳恩把做好的立方体交上去。那工头验看时，就和神父主持忏悔仪式时的表情一样严肃。当他发现有几个角似乎不太标准时就命令道，"继续锉"。

"我只好再锉，心里既烦躁又紧张。

"两星期后，我第二次把锉好的铁块交上去。他量了一下还是吩咐说：'继续锉'。5个星期过去了，铁块一天天小下去，我的手指却越来越粗糙。但是，我下决心一定磨出一个他挑不出任何毛病的立方体来。

"最后，我把竭尽全力做出来的成品交给他，只比胡桃稍微大一点。他从沾满灰尘的眼镜上边凝视着，仔细地量了立方体的每一个面。我的心'怦怦'直跳。那么多天辛辛苦苦换来的就是他说了一声'好！'"

在此之后，这位钳工学徒又在一台车床和一台牛头刨床后面消磨了好几个星期的时光。接着，他在铸工车间和锻工车间又干了3个月。学徒期满后，他还在机车装配车间工作过。

布劳恩说："在工厂当了6个月工人，对实际工程问题的理解比大学的任何一学期都要深刻。"

这时是1930年，报纸用相当大的篇幅介绍了罗伯特·戈达德在美国发射高度10000米以上的火箭的计划，甚至还有从苏联传来的有关火箭飞船的研究报告和资料。

全世界的从事火箭研制的人都自愿地、自由地进行交流。每一个人都以宇宙旅行作为最终目标，而且都热心帮助献身同一目标的人。

而此时，德国在火箭研究方面也已经进入了一个理论与实践相结合的全新的实验时代。

1928年，一位注重实际的德国人马克斯·法利尔出版了一本有关火箭推进潜力的通俗科学读物《向太空挺进》。1928年至1929年冬，他用火药火箭作为雪橇和汽车的动力，引起了公众很大的兴趣。

弗里茨·冯·奥佩尔造出了火箭车，1928年4月12日车速达到每小时100千米。后来，一辆先进的奥佩尔车，装备了24枚使用固体推进剂的助推火箭，时速达190千米至230千米。

这一年，施塔默尔用固体燃料火箭发动，驾着一架滑翔机飞了将近1000米的距离。这是把火箭动力用于航空的一系列试验的简单开端。

在1929年，不仅《飞向星际空间的火箭》的作者奥伯特本人已经开始进行实验，而且其他人如法利尔、温克勒尔和冯·奥佩尔也跟着干起来了。法利尔还设想并描绘了火箭飞机和宇宙飞船的模样。

同一年，德国人约翰内斯·温克勒尔开始研究使用液体燃料火箭，并在波罗的海格赖夫斯瓦尔德岛上几次试图发射小型液氧-甲烷火箭，但不很成功。事隔10年以后，这个小岛便成了布劳恩一些早期试验的场所。

以上这些成功或是不成功的发明和创造都时刻激励着布劳恩，让他常常处在激动和跃跃欲试的状态中。

就在这个时候，布劳恩通过朋友维利·莱的帮助，幸运地会见了奥伯特。维利·莱也是一个火箭迷，他后来成了空间题材的作家和火箭权威。

布劳恩对奥伯特说："我还在学校学习，除了业余时间和热情以外一无所有，我能帮您做点什么事吗？"

教授说："你马上就来吧！"他当时正在布置一次以火箭为内容的展览。

布劳恩利用业余时间帮助他布置就绪，并负责照料展出，回答问题，并不时地热情高涨地以肯定的语气对参观者表示一定会早日实现月球旅行。在这位奥伯特教授的眼中，布劳恩表现得似乎已是一位宇宙空间专家了。

此时的奥伯特正在着手证实他的论点，即火箭动力的最佳来源是液体而不是火药。除布劳恩之外，他的助手还有鲁道夫·内贝尔和克劳斯·里德尔，他们都是德国宇宙旅行协会的会员。

奥伯特一直用那些简陋的设备在国立化工研究室里，试验一个钢制的圆锥形火箭发动机。尽管试验有时候很危险，但沉默寡言的奥伯特每天都盯在现场，严肃地监督着每个程序并乐此不疲。

奥伯特的奋斗终于在 1930 年 7 月得到了回报。

他请来了国立化工研究室的一位里特尔博士，证明发动机可以在 90 秒钟内产生出 7000 克推力。在这一过程中，消耗汽油和液氧约 5000 克。这是液体燃料火箭发动机以成熟的、得到正式承认和经受过检验的内燃机组成员身份首次出现在德国。

就在这件令人兴奋的事情发生不久，奥伯特由于经济上的原因，被迫去罗马尼亚教学。但是他的助手们对宇宙航行的热情并没有消减。三个人中内贝尔年纪最大，由他带领大家继续干下去。

1930 年夏末，由于寄人篱下的研究总是受到干扰，所以内贝尔着手物色一个永久性火箭基地，好让年轻热情的火箭工作者们能安静地开展工作。

他在柏林市郊的赖尼肯多夫找到了一个废弃不用的军火库，并说服市议会议员们答应他无限期免费租借这个地方。

军火库占地面积大约 1.2 平方千米。由于多年废弃不用，呈现出一派杂草丛生、荆棘满地的衰败景象。在杂草丛中有各种结构的楼房、地堡和圆顶建筑。

9月份，火箭工作者们在一座地堡上挂上了一块颇有些冠冕堂皇的牌子，上面写着"柏林火箭试飞场"，并开始了他们热忱献身的研究工作。虽然经费几乎一无所有，但是大家的热情却无比高涨，举一个例子就可以说明：试飞场缺资金、缺材料让他们常常面临"难为无米之炊"的窘境，幸亏内贝尔搞到材料的本领比布劳恩还要强些。有一次，他向西门子哈尔斯克公司的一位董事生动地介绍了即将实现的宇宙旅行，说服他拿出了大量焊丝。这种焊丝对火箭工作者毫无用处，但是内贝尔把焊丝给了一家焊接工厂，换来了一名熟练焊工的劳动，这却是他们当时十分需要的。

因为在那个时代，失业是社会上极其普遍的现象，所以火箭试飞场在劳动力上并不花钱。许多像制图员、电工、机修工等，能不交房租住在这里的房子里，还能发挥他们各自的专业技能，已经高兴得不得了了。

不久，就有大约15名技术工人住进了整修过的房子里，热心地为他们干着各种活计。

有些人拥有多余的机床、原料和办公设备，同时又很容易受到宇宙旅行的诱惑，内贝尔就利用这些人的有限资源和心理特点，极大地施展他的魔力，逐渐把他们的东西搞到手。

这种做法不断地得到发扬光大，后来内贝尔竟然郑重其事地制定了一条办事原则：即使有钱也不花钱去买任何东西。

火箭工作者无法给劳动力支付工资，就让他们到附近一个妇女慈善团体办的施汤所吃饭，分文不费。内贝尔有一辆旧汽车，英荷壳牌石油公司坚信，火箭技术最终会为他们的产品开辟新销路，因此慷慨地提供汽油和石油。

"回顾过去，我们的事业主要是建立在乐观主义和一片痴心的基础上的，那些困难并不妨碍我们在火箭发动机设计方面取得十分可观的进展。但是，我们还是必须把第一枚火箭射上天空。没有这种看得见摸得着的成就来为我们自己增光，就很难指望我们自命不凡的火箭试飞场在经济上能生存下去。"布劳恩说。

为此，克劳斯·里德尔仓促地搞出了一项设计，内贝尔把它命名为"最小的火箭"。他把这个名称简缩为"米拉克"，并风趣地说，这也含有"费力最小，成就非凡"的意义。

几个月后，他们终于造出了一台发动机，经过试验可以用于做自由飞行。

里德尔又研制出一种阀门和点火系统，让操作人员安全地待在隐蔽的地方对这台发动机进行遥控启动。

"米拉克1号"的设计把发动机安装在头部。但是，这样设计并不是因为确信这种特殊布局有什么优越性，而是迁就内贝尔充分利用所能搞到的材料的天才。

然而，后来一些火箭杂志却连篇累牍地讨论头部传动设计对稳定性所起的作用等问题，意思是说这种设计是经过非常复杂的推理才选定的。

实际上是内贝尔和往常一样不花钱搞到了一卡车铝管，这些管子的直径不能用于其他结构，而只能用于发动机通过供给导管来牵引燃料箱罢了。

工科大学生布劳恩在这里初步学习了制造火箭的一些技术，并让他越来越迷恋上了这项事业，他觉得自己离实现他的梦想不是很遥远了。

从失败中吸取教训

1931 年夏天，布劳恩暂时离开柏林和火箭试飞场，到瑞士苏黎世的联邦工学院去深造。在这里他结识了美籍医科学生康斯坦丁·杰纳勒尔兹，两人成了莫逆之交。

在苏黎世紧张学习的布劳恩也没放弃对火箭和航天知识的钻研，他经常和杰纳勒尔兹聊起这方面的话题。

有一次，在谈到未来的太空人必须承受很大的加速度时，杰纳勒尔兹说，要测定一个生物能承受多少重力加速度，唯一的办法是把生物置于离心机之中。

不久，这两个学生作出了下一步计划。他们积极准备用一只小白鼠开展这项"太空医学研究计划"，这在全世界来说也许还是头一次。

他们把自行车轮毂固定在一张桌子上，架起了皮带传动装置，这样，只要转动手摇曲柄，就可以使水平支起的轮子旋转起来。在轮子的边缘装上半截金属罐头盒子，作为小白鼠的加速试验床。

试验开始后，布劳恩快速转动轮子，直至使这只可怜的老鼠承受着好几个重力加速度。然后，杰纳勒尔兹对小白鼠进行了解剖，以便做出诊断。

用这种方法，杰纳勒尔兹在 1931 年就发现，老鼠承受重力加速度能力的限制因素在于它的脑部：因重力加速度过大而受损伤或致死的老鼠，多数都是脑出血。20 年后，美国空军的航空医学研究在人类身上证实了这个发现。

要不是女房东威胁布劳恩，如果不立即停止试验，就要把他从屋子里赶出去，这两个年轻的研究人员不知道还要发现哪些未知的奇迹呢！

1931 年 10 月，布劳恩回到祖国，他来到火箭试飞场时正赶上头一次公开表演发射"米拉克 1 号"。内贝尔想出的好办法是，邀请来当地一些有代表性的实业家前来观看，并收了每人一马克入场费。

但是，这次发射却以失败告终。

由于燃料箱密封不严，推力不足，"米拉克 1 号"在发射导轨中上升不到一半的距离，就因燃料耗尽而掉了下来。观众退场的时候，心里还想着会不会把入场费退还给他们呢。

布劳恩又重新回到了这个火箭研制的队伍中。

1932 年初春的一天早晨，夜色的凉意还没退去，天气仍有些凉。但整个"火箭试飞场"却充满了喜庆而欢快的气氛。如果这次一切顺利，他们的财务困难就可以大大地缓解了。他们大张旗鼓的研究工作引起了德国军方的主意，陆军兵工署还组织了一个代表团要来看看他们研制的火箭。

在凛冽的晨风中，布劳恩等人终于等来了三位身着便装，表情严肃的军方客人。

在参观时，其中有一位叫华特·多恩贝格尔的上尉，目光敏锐，双眼炯炯有神，始终仔细地听着内贝尔等人的介绍，并忙着记录每一个细节。另外两人是发射技术及军火弹药主任、上校卡尔·贝克尔教授和军火专家冯·霍斯蒂希少校。这几个人后来在液体推进剂火箭的发展中都起了重要的作用。

多恩贝格尔就是兵工署指派的发展液体火箭并应用到军事上的负责人。拥有工程硕士学位的多恩贝格尔此时已经在离柏林30千米的库默斯多夫一处兵工厂建立了试验站，并开始对固体推进燃料进行试验。

多恩贝格尔后来回忆说，这些年轻的火箭制造者在火箭实验工作上有着令人吃惊的成就。虽然他们很有热情也很有天分，但他们缺乏严谨的科学程序。他们未对测试做记录，也没将所产生的推力的大小用图表表示出来，甚至对于火箭引擎的性能，他们连一张说明图也没有，这些都不符合军方的要求。

这几位来访者态度谦逊，但他们根本不想看"米拉克1号"的发射。他们反而更在意布劳恩和火箭飞行场的其他成员所能拿出的少量示意图和资料上。他们对还没有试验过的、比"米拉克1号"更大的"米拉克2号"也有些兴趣。

参观结束后，经过协商，内贝尔和他们签订了一项合同：如果在库默斯多夫陆军靶场发射"米拉克2号"成功，他们就出钱1000马克，对此大家都很满意。

7月份，一个天气晴朗的清晨，内贝尔、里德尔、布劳恩一行人把两辆可以调用的汽车都装得满满的，向着柏林南面的库默斯多夫出发。

前面的一辆汽车载着发射架，架上是涂成银白色的"米拉克2

号"，后面的一辆汽车装的是液态氧、汽油和一些工具。此时，坐在车上意气风发的布劳恩刚刚从夏洛滕堡工学院毕业不久，并取得了航空工程学士学位。

几个小时后，这两辆汽车和多恩贝格尔上尉在柏林南面森林的集合地点会合了。

多恩贝格尔把他们带到靶场的一个隔离区，那里早已布置好光学经纬仪、弹道摄影机和计时器，阵容壮观，令人顿时有些紧张起来。在此之前，布劳恩他们从来没见到过这些仪器。

下午14时，发射器被稳稳地架起来，火箭也已加好足够的燃料，做好了随时升空的准备。

发射的时间到了，随着信号的发出，"米拉克2号"腾空而起，高度瞬间达到了60米左右。但是火箭突然出了问题，先是在近乎水平的轨道上飞行，后来在降落伞还没有打开之前，就在两三千米之外坠毁了。

显然，军方对"米拉克2号"的表现并不满意。他们表示，尽管飞行场的成员们对液体燃料火箭比其他德国人了解得更多，但他们制造的火箭却不是很可靠，不能满足他们的要求。甚至内贝尔那非常能打动人的乐观精神也无法说服他们回心转意。

虽然火箭试射失败了，但对于多恩贝格尔来说，却有了一些收获，那就是他发现了一个从与之开始接触就一直表现很突出的人。后来他在他的《V-2》那部书里写道：

在我到赖尼肯多夫做访问时，我对一位宽厚下巴的年轻学生工作时的热诚、伶俐，以及他令人惊讶的理论知识有极深刻的印象。后来当卡尔·贝克尔上校决定核准军方制造液体推进火箭时，我把这年轻学生冯·布劳恩列为技术助理名单的第一人选。

在随后的几天里，布劳恩决定再做一次努力，他带着一些改进后的资料去拜访了贝克尔上校。他发现上校并不是像内贝尔所描绘的那样的凶。在布劳恩看来，尽管贝克尔穿着军装，但他心胸开阔，热情洋溢，是一个不折不扣的科学家。

"我们对你们的火箭技术很感兴趣，"他说，"但是你们从事火箭发展工作的方式还有一些缺点，你们太注重吸引观众了，这不适合我们的需要。要是能把注意力集中在科学资料上，而不是发射玩具火箭，你们可能会干得更好。"

布劳恩回答道，只要有必要的测定仪器，他将乐意提供这样的资料。接着，他又试图让贝克尔明白，作为减轻长期经济困难的办法，他们吸引观众是必要的。

贝克尔立即指出，这些吸引观众的做法和德国战败后签订的条约中限制远距离武器发展事宜是水火不相容的。最后他指出，给布劳恩一定的财政支持，条件是试验小组得在一个陆军基地的围墙内秘密地进行工作为军方服务，此后，不能在赖尼肯多夫再研究火箭技术了。

贝克尔还强烈建议布劳恩去柏林大学攻读相关的博士学位，并批准他以后可以使用库默斯多夫的实验器材来完成他在研究液体燃料火箭引擎方面的博士论文。

内贝尔是第一次世界大战时的战斗机驾驶员。当布劳恩回到火箭飞行场告诉他上述条件时，他表示什么都可以就是不愿意再受森严的军事约束了。这种味道，他在以前服役的岁月里早已尝够了。他担心"不懂业务的人会阻碍我们的研究计划自由发展"。布劳恩不同意这种看法，两个人争论起来，言辞激烈，不了了之。

里德尔对接受陆军提出的有条件的支持也不热心。他的论点是，有志于宇宙航行的私人企业也能为这一有价值的研究目标筹措必要的资金。但到底怎样消除他们那"噼啪"作响的小火箭与大型载人宇宙飞船之间的差距，他也不是很清楚。他唯一清楚的是需要巨额经费。

布劳恩心中有数，玩具般的"米拉克2号"实际上只是为制造真正的液体推进剂火箭而进行的一次微不足道的尝试。能到现在这种程度，已经是业余研究者能达到的最高水准了。

他深知，要取得成功，首先就得开始大规模的试验计划，而赖尼肯多夫连这起码的条件也是完全不具备的。布劳恩认为，在这种情况下，陆军的资金和设备，似乎是通向真正的宇宙航行的唯一切实可行的途径了。

当时火箭飞行场的成员，没有一个人想到火箭作为一种武器，在第二次世界大战中会造成那么大的破坏。当时希特勒还没有上台，在火箭飞行场的大多数成员眼里，他只不过是一个蓄着卓别林式的胡子的自命不凡的政治傻瓜。

他们的处境和航空事业先驱者的遭遇颇相类似，当年也是因为军方感兴趣并提供援助，飞机才能得到发展。最后，他们十分勉强地取得一致看法：不能完全不理睬贝克尔上校提出的条件。

实际上，内贝尔和里德尔很不愿意让布劳恩接受军工署提供试验研究经费的附加条件，并成为陆军火箭技术部门的成员。他们只是希望：他有了这样一职位，能支持赖尼肯多夫，万一由于财政上的困难火箭飞行场解散，他能依靠陆军的赞助为朋友们提供经济保护。

其实，这时的布劳恩已经意识到，要征服外层空间，必须学习更多的物理、化学和天文学，才能透彻地理解并解决所有的问题。

因此，他决定同意贝克尔的建议，转入柏林大学攻读博士学位。当时，杰出的物理学家瓦尔特·内尔恩斯特、马克斯·冯·劳厄和埃尔温·薛定谔都在那里任教。

不穿军装的雇员

1932年10月1日，布劳恩在柏林大学上学的同时已经正式成为陆军的一个不穿军装的雇员了，任务是发展液体推进剂火箭。

他一面在大学里学习，一面由德国陆军提供研究经费做起了研究。他在库默斯多夫占了一个有滑动顶盖的混凝土试验井的一半，另一半则用于试验火药火箭。

多恩贝格尔向布劳恩提供了一个火箭测试架，并给他配备了三名工作人员，包括工业瓦斯应用协会的工程师华特瑞达尔、工程师亚瑟鲁道夫，以及原来在"火箭飞行场"的首席技师海因里希·格吕诺。

虽然四个人马上开始了工作，但经费并不宽裕，对于军方来说，发展火箭是违反战后的《凡尔赛和约》的，所以在军队内部也不能大张旗鼓地开展这项工作，一切只能秘密地进行。

布劳恩所需要的器材设备只能向一家火炮工厂提前订货，而这家工厂的许多工作都比他的订货要优先得多。

而库默斯多夫靶场的办公机构更是办事拖沓，总是一副高高在上的姿态。布劳恩把要求拨给材料的申请送上去后，常常是被他们搁置在办公桌上，很长时间也不见答复。

直到 1933 年 1 月，功夫不负有心人，他们终于成功制造出了第一台供试车台试验用的小型水冷式发动机。在第一次试验中，这台发动机产生了 140 千克的推力，持续了 60 秒钟，当局也大为惊异。可是紧接着，问题又来了。引火爆炸、活门冻结、电线管道起火和许多其他的故障，不断地阻碍着工作的开展。布劳恩陷入了困境，一时找不到解决的办法。

内贝尔说道，现代发明所要解决的主要问题，就是把已知的、现成的部件组合在一起。在困难关头，这句话给了布劳恩很大的启发。

从目前情形看，最切实可行的办法就是把焊接专家、做活门的、造仪器的和制烟火的技术人员们都请过来。

布劳恩在这些行家们的帮助下，造出了 300 千克推力的再生冷却液氧—酒精发动机，进行了静态试验，并准备装在用 6 个月时间造出来的一枚火箭上进行发射，他们把这个火箭和发动机的合成体称为"合成体 1 号"，简称为"A-1"。主要目标是让它成为一枚可以沿预定路线稳定飞行的火箭。

因为设计上的问题，第一次试验时点火还不到半秒钟，火箭就炸成了碎片。改进了以后，第二枚 A-l 也还是达不到预定的效果，布劳恩和他的研究小组决定放弃 A-1，转入重新设计的 A-2 的研究工作中。

A-2 虽然跟 A-1 的大小差不多，但是推力却达到了 1000 千克。尽管研究小组的目标是发展武器，但布劳恩对发展太空旅行的火箭仍然念念不忘。为了达到这个目的，他下决心一定要制造出更大的火箭。

到 1934 年 12 月，他们成功造出了两枚 A-2 火箭，命名为"马克斯号"和"莫里茨号"，准备在北海的博尔库姆岛上发射。

他们选在圣诞节前几天发射了这两枚火箭，它们都达到了大约 2000 多米的高度。这让布劳恩等人欣喜若狂。他们的这次试验，得到了当局军方的认可。他们很肯定地表态，这次试验是非常成功的。

在此之前，这位 22 岁的学生科学家已经取得了柏林大学物理学博士学位。他写的论文论述了液体推进剂火箭发动机理论和实验的各个方面。但是因为军事安全方面的原因，这篇论文编入目录时，用了一个难以归类的题目"关于燃烧试验"。

柏林大学把这篇论文评为最高等级——特优。但是，直至第二次世界大战之后，军事限制取消了，这篇论文才得以印刷出版。年轻的布劳恩在试图分析并测定火箭发动机中发生的复杂的喷射、雾化、燃烧、离解、气态平衡和膨胀现象时所竭力探索的问题，在这篇论文中都做了生动的阐述。

这篇论文意义十分重大，甚至在大约 30 年后，德国宇宙飞行协会还将该文作为其正式期刊的特刊重新出版，向全世界火箭工程界发行。

1935 年初，德国和世界各国的关系日益恶化，纳粹在选民中获得了越来越多的支持，并逐渐在政府中站稳了脚跟。纳粹统治下的军方开始公开研制各种武器，库默斯多夫的研究工作也得到了更多的支持。

在布劳恩研制 A-2 火箭的同时，马克斯·法利尔在包括瓦尔特·里德尔在内的一些火箭专家帮助下继续进行着火箭车试验，这种车是以液体推进剂火箭为动力的。

有一次，火箭发动机爆炸，法利尔的喉部被碎片所伤，不幸死在里德尔的怀里。试验小组在里德尔的领导下，依照与陆军订立的合同，在柏林附近的布里茨煤气股份公司极其秘密地继续进行工作。

令布劳恩特别满意的是，陆军决定把这项工程和他自己在库默斯多夫的小组合并在一起。里德尔有技术，有实际经验，这样一合并，可以互相补充。

"马克斯号"和"莫里茨号"的发射成功，大大推动了火箭的发展。随之而来的是官方更加慷慨解囊，火箭专家欢欣鼓舞。布劳恩立即着手研制 A-3。

1935 年 1 月，冯·里希特霍芬少校拜访了布劳恩和他的小组。里希特霍芬负责德国空军的发展工作，后来在戈林手下当空军元帅。他到库默斯多夫来的目的，是要了解用液体推进剂火箭作为飞机动力的可能性。这种动力先要在传统的飞机上进行试验，最后应用到一种特别设计的全火箭动力飞机上去。

里希特霍芬走后，军方很快决定把库默斯多夫发展成一个飞机动力工厂，并派来了一批工程师，催促马上开始进行全火箭动力战斗机的研究工作。

"我们的火箭发动机用酒精和液氧作推进剂，产生了 1000 千克推力。在一定限度之内，这种发动机还可以调节。1935 年夏天，把这种装置装在机身里，从座舱里操纵进行了头几次静态试验。德国空军的一个军官小组观看了这些试验，他们先是不敢置信，继而惊讶不已。"布劳恩说。

那时候，布劳恩手下大约有 80 个人，还有一个夹在库默斯多夫两个炮兵射击场中间的小小试验站。里希特霍芬提出的包括研制一种重型轰炸机起飞用的喷气助推器的要求，在这样狭小的地方是无法实现的。于是，少校很快就拨给了他们 500 万马克，以便在另外一个地点建立起更加完善的设施。

空军出的这笔钱，第一次打破了国防军各部门之间的规矩。布劳恩被他的顶头上司霍斯蒂希上校严肃地带到贝克尔将军办公室，当初参观"火箭飞行场"时的贝克尔上校此时已当上了陆军军械总监。里希特霍芬的无礼行为，使将军勃然大怒。

"德国空军真有一副暴发户的架势，"他咆哮着说，"我们刚有了发展前景，他们就想窃取！但是他们得放明白点，干火箭这买卖，他们只不过是小伙伴！"

"你是说，"霍斯蒂希惊讶地问道，"你打算在火箭技术上出钱超过 500 万吗？"

"正是这样，"贝克尔回答说，"我打算，除了里希特霍芬的 500 万以外，再拨款 600 万！"

布劳恩以前的年预算从来没有超过 800 万马克，这一下，他的小型试验成了"头等大工程"，从此以后，需要的资金成百万地源源不断地送过来。

手头有了足够的资金，他们就对在库默斯多夫的那点狭小地盘大为不满了。他们急不可耐，要尽快搬到一个能把火箭发射到 300 多千米的地点。

1935 年圣诞节，布劳恩回到西里西亚的老家探望父母，他把火箭发展的前景告诉了他们，并告诉他们正在寻找适当地点的事，而且由于安全方面的原因，这个地点必须靠近海边。

"你们为什么不到佩内明德去看看呢！"他的母亲建议道，"你祖父以前经常上那儿去打野鸭。"

布劳恩觉得她的意见不错，并带多恩贝格尔来查看，军方最终同意了把这个地方作为火箭试验场的新址。

进驻佩内明德

　　佩内明德位于柏林北方乌瑟多姆岛西北端伸入波罗的海的一块沙洲上，这里有成片的松树林，无尽延伸的沙丘，以及各种水鸟聚集的沼泽地。平静而孤立，没有太多居民，这个地方很隐秘，又有一段海岸线可以利用，这一切正符合库默斯多夫研究小组的需要。

　　4个星期以后，空军建立起一个常设的工程师办公处，开始了试验场的建设。选上空军，是因为根据建筑条例规定，空军可以建造规格更高的建筑物。

　　花了两年时间，终于在佩内明德建起了复杂的综合性设施。

　　1937年4月，库默斯多夫的火箭专家们搬到波罗的海之滨。在庞大的工厂里，他们简直成了沧海一粟，这里需要更多的技术人员。于是布劳恩得以召回那些在老火箭飞行场已经爱上了火箭技术的人员，他感到十分满意。

　　布劳恩带着这个比以前庞大很多的团队，继续进行A-3的研制工作。A-3在设计上已经有了很大改进，原来的设计要求达到超音速，但因为不断增加器材，过于沉重，在A-3的多项革新中，不仅解决了这个问题，能把相当重量的记录仪器带上天，还大大减少了点火爆炸的危险。

1937年12月，A-3研制完成，布劳恩准备在波罗的海的格赖夫斯瓦尔德岛上试射A-3了。

第一枚A-3在加添燃料之前，某些部分涂上了具有高度吸湿性能的绿色染料，以便在坠落地点把海水染出颜色。发射之前耽搁了几小时，冰冷的液态氧使海上湿润的空气凝聚为水，从而溶解了染料。绿色的水滴顺着尾舵慢慢流下来，使经由电缆接线柱通向火箭内部的各种电路短路，这就越发耽误了时间。

更使气氛紧张的是，在这段时间内，满载着观察大员的船上，不断向试验小组发来质问电报，这显然是由于海上波涛滚滚，船上的人颠簸得难受，因而电报催得很紧。

12月4日，总算一切准备就绪了，布劳恩亲自按下启动电钮。点火装置性能很好，第一枚A-3开始飞离地面。大约持续飞行了5秒钟，出现了降落伞。可是，降落伞飘进了火热的喷射流，顷刻化为灰烬。火箭开始打转，摇摇晃晃地掉到海里去了。

他们希望，失败的原因在于降落伞及其机械装置，所以在发射第二枚A-3的时候把这一部分装置去掉了，但是照样失败。火箭还是打转，摇摇晃晃地坠毁了。

全体工程人员大失所望，集合在一起讨论两次失败的可能原因。是燃气舵缺乏足够的活动范围，去压抗空气动力流，以致火箭不能迎风前进吗？但是火箭打转明显发生在进入逆风之前，因而这个理由不能解释。火箭在试车台的方向架上进行试验时，横滚控制系统的工作性能良好……他们怀疑会不会是传动装置速度太低，会不会是风力影响了滚动稳定性……

他们决定等到一个无风的日子，再把最后一枚A-3原封不动地拿来进行试验。结果，徒劳无功，第三枚和前两枚一样失灵。

失望的布劳恩下决心找出问题所在。他和研究小组重新设计了控制系统，但是要造出这套系统，供下一次试验使用，至少需要18个月，他们就利用这段时间矫正 A-3 的其他一些缺陷，并准备研制出新的火箭 A-4 和 A-5。

A-4 是第一枚根据特定规格制造出来的火箭，和以往的火箭不同，以往的火箭都是先经过制作，再经过测试评估性能。

A-4 是多恩贝格尔定出的规格，它的射程要达到 260 千米，能负载 1000 千克重的弹头，命中的误差只能有 2 米至 3 米，火箭还必须能用铁路或公路运达德国境内任何一个地点。

研究小组遇到了前所未有的挑战，这种规格的火箭必须重量轻、反应快、结构简单、足以负载大量燃料。经过一段时间的努力，他们首先造出了一个真正可靠的液体燃料火箭发动机。

布劳恩等的研究工作取得进展的时候，希特勒的权力崛起，德国空军得到了国防军的其他部门所没有得到过的慷慨资助。

多恩贝格尔和布劳恩都意识到，他们研制的火箭越来越大，射程也越来越远，像 A-4 火箭这种大型研究方案，包括布劳恩最想实现的宇宙空间探测，必须要有希特勒政府的支持才能进行下去。

机会来了，布劳恩接到通知，希特勒要去库默斯多夫视察。

给希特勒上课

1939 年 3 月 23 日，在布劳恩 27 岁生日的时候，他在库默斯多夫炮兵射击场的试验站里第一次见到了希特勒。

在大部分人搬去佩内明德后，这里还保留着火箭发动机的设计室。

那天天气特别的阴冷，天空还下着雨。水珠不断地从淋湿的松树上滴落下来，在地上形成了大大小小的水洼洼。靶场和试验区的地面上，到处都是水汪汪的，所有东西全都浸湿了。

这是北欧的一个严寒而又痛苦的冬天，到处都呈现出一种紧张的政治气氛。

许多人都隐隐地感觉到，去年苏台德地区的冲突，很可能导致灾难性的大规模战争。每一个德国人都知道，他们的元首正在准备摊牌，如果西方国家不能继续满足他的要求的话。

当然，从希特勒看来，他不但会继续成功，而且会永无止境地取得更大的成功。

布劳恩注意到，希特勒到库默斯多夫的时候，对周围的一切都感到很惊奇。他的脸因长期征战被晒得黝黑。他不时地走来走去，显得精力充沛。他是那么急切地渴望了解到更多的未知情况，虽然他对火箭研究机构所要看的东西并未表示有任何强烈的兴趣。

随同他一起来的有陆军总参谋长瓦尔特·冯·布劳希奇和陆军军械总监卡尔·贝克尔将军。佩内明德的指挥官瓦尔特·多恩贝格尔当时是一个上校。他在附近迎接了贵宾，并带他们参观佩内明德的前身——库默斯多夫的火箭研究设施。他还替布劳恩作了引见，并强调说，无论元首想要问什么技术问题，布劳恩都乐于回答。

多恩贝格尔知道，如果希特勒对火箭技术感兴趣的话，也仅仅是局限于发展武器的潜力，因此他要求布劳恩不要提宇宙航行问题。他不愿意让希特勒认为，他们根本不是在研究现实问题，即对德国的军事力量有用的计划。

多年来，他们一直在为各种液体燃料火箭发展计划争取经费。当他们缠着陆军首脑，要求得到继续进行研制的经费时，有人告诉他们，要钱，就只能研究可以远程运送重磅炸药并有希望命中目标的那类火箭。

布劳恩随同希特勒一行，一起走向一座最老的试验台，去观看一架旧的1934年290多千克推力火箭发动机进行试车。火箭发动机的静态试车并不包括导弹的实际发射。发动机被拴在或者装在固定的台架上，然后再点火。在这种情况下，燃烧室水平地悬挂着。

希特勒只站在几米外的地方观看这次试验，只有一道装甲木板墙来作为防护。淡蓝色的喷气，集中在由不同亮度的色彩清晰显示出来的具有超声冲击波的狭长气流中，同时发出刺耳的呼啸声。尽管希特勒的耳朵里塞着白杨软木塞，但是这种声浪一定会震得他的耳膜发疼。然而他的表情是那样的专注，并没有一丝变化。

希特勒已经习惯于大炮和各种"隆隆"轰响的火炮的表演，他显然并不为之所动。下一项表演是一台垂直悬挂的发动机发出1000千克推力，他看了仍然还是一声不吭。希特勒观看第二项试验时，距离大约9米多，还是站在一道防护设施后面。

接着，希特勒一行走向了另一座装配塔。

多恩贝格尔上校陪在希特勒身旁，向他汇报在新的佩内明德火箭中心的工作情况以及所取得的成绩。希特勒始终一言不发。直至介绍他看装配塔里一枚崭新的A-5导弹剖面的模型时，他才开始说话提问。

希特勒透过导弹薄薄的金属外壳上的狭长切口和许多小孔，可以看到竖管、阀门、燃料箱和火箭发动机，并可以观察到燃气舵的操纵偏度。为了让参观者一目了然，相关的部件都被涂上了相同的颜色。

布劳恩曾经听说，希特勒对现代技术和复杂的机器颇感兴趣。当他开始解释6米多长的复杂的A-5导弹结构时，希特勒对他讲的每一个细节都十分注意地听着。

"这些是电池组，"布劳恩指着那些高高的位于导弹上方，在逐渐尖削的弹头下面的镍镉部件说道，"它们为控制系统和仪表装置的操作提供必要的电力。电池组下面是陀螺稳定平台和3个控制伺服马达的速率衰减陀螺仪。陀螺平台上有一具加速度敏感装置，可以量度并且在双重积分之后纠正由于风力引起的火箭航向的横向偏差。其次，这里有一个防水舱，装有气压记录器、温度记录器和用来拍摄这两种仪器在飞行中的读数的小型电影摄影机。"

布劳恩大声地解释着，并望了望元首，想看看他听懂了没有。

"你们怎么回收摄影胶卷呢？"希特勒问道。

"到达最大高度以后，有一个降落伞会自动弹射出来，导弹便徐徐降落，掉进海里浮在水上，于是我们就可以把它捡起来。通常，只有轻微的损坏。"布劳恩回答。

他继续对 A-5 导弹进行更详细的解释，他指出："用于测量外壳温度和燃烧室压力的其他仪器，以及当导弹偏离航向时，接收地面发来的紧急讯号以便关闭火箭发动机的无线电接收机。"

"在仪器舱下面是氧气箱，氧气箱下面是推进剂箱，内装铝制火箭发动机，大约有 1.8 米长。"布劳恩解释了燃料箱增压系统的作用，"这个系统是由一个液氮贮存器和一个电热器组成的，二者都装嵌在液氧箱中。降落伞包则位于两箱之间，从侧面弹出。"

布劳恩强调说："容量为 390 升的推进剂箱虽然是用轻合金制成的，但每平方厘米可以承受的压力达 22 千克。"

希特勒绕着这枚起飞重量为 750 千克的科研导弹踱着步子，他指了指发动机，问："布劳恩，性能如何？"

"这台发动机在 45 秒钟之内能产生 1000 千克推力。"布劳恩答道。

希特勒没说什么，也没显露出有什么感受。他继续地提他所关心的问题。

最后，他摇摇头离开了火箭，但是他一声不吭。

布劳恩心里明白，希特勒对 A-5 导弹评价不高，也许他认为液体燃料火箭发动机太复杂了。

希特勒离开装配塔之前对布劳恩说："到底是什么东西使液体推进剂火箭飞起来，我还是不明白。你们为什么要用两个燃料箱和两种不同的推进剂呢？"

布劳恩十分惊讶地望着希特勒，他已经对一枚先进导弹的复杂之处做了详尽的解释，满以为希特勒起码会明白火箭推动的基本道理。但是很显然，这个人甚至连最基本的原理都不懂。布劳恩意识到，希特勒对他的大部分解释是左耳进右耳出了。于是，布劳恩开始用浅显易懂的语言，笼统地向他说明火箭推进的原理。

布劳恩说："当然，火箭在没有空气的情况下是可以飞行的。因为它不是靠推压后面的空气前进。火箭的推压是在内部进行，推压的是头锥。它不像其他的发动机用大气中的氧气进行燃烧，如汽车或飞机的发动机。火箭在氧化剂箱中带着氧气。"

"但是为什么要这样呢？为什么不用汽油或柴油和某种汽化器系统，利用周围空气中的氧气呢？"希特勒犹豫地问道。

"阁下，那已经做过了，"布劳恩回答说，"那种发动机叫作脉动式空气喷气发动机。但是这种脉动式发动机只能用于比较低速的飞行，如果导弹以这样的速度飞行，就会被高射炮或战斗机打下来。火箭推进的主要优点是：即使发动机起作用的时间很短，导弹也能像炮弹一样，以极高的速度飞行；当然，因为导弹像炮弹一样是沿着弹道飞行轨道飞行的，所以初速度越大，导弹的射程就越远。"

布劳恩又看了看希特勒。他担心，他老是站在那里解释导弹技术的 ABC，会使元首显得十分无知。于是当他接着讲的时候，就又指了指 A-5 导弹的流动体系说：

"按发动机的单位重量计算，火箭发动机所产生的推力，比用于飞机推进的任何发动机都要大得多。如果能加快燃烧过的气体的排出速度，火箭的速度还会更快，射程还会更远。排气速度翻一番，同一枚火箭所能达到的速度也会翻一番，射程则是原来的 4 倍。终速度还取决于所消耗的与火箭空重相比的燃料重量。

"如果燃料重量是火箭空重的大约 6.5 倍，火箭的飞行速度将达到排气速度的 3 倍。如果重量比为 19∶1，速度比则为 3 倍，其余类推。我之所以列举这些数字，是因为火箭要取得高速度，它所携带和燃烧的推进剂的重量就必须比它自身的重量大好多倍。了解这一点是很重要的。当然，火箭弹是能够取得超音速、达到极端高度或极大射程的唯一大型弹射体。当这样一枚弹道火箭弹落到地面上时，即使不带装药弹头，其冲击效应也是十分惊人的。"

希特勒那长着难看的狮子鼻、蓄着小胡子、有着两片薄嘴唇的脸上，并没有显出对布劳恩谈的内容有什么特别的兴趣。只要希特勒不说什么，布劳恩就认为那是表示他可以继续讲下去。

"液体燃料火箭似乎十分复杂，它用的不是燃料和氧化剂在同一个容器中存放和燃烧的固体推进剂，而是把燃料和氧化剂分别放在两个燃料箱里。通过燃料箱增压或用泵，再把液体推进剂压入再生冷却燃烧室。虽然液体燃料火箭增加了这么多复杂性，但是它有几个显著的优点。最重要的优点是它的排气速度比固体推进剂所能取得的排气速度高得多，这就意味着可以达到更远的射程。此外，液体推进剂火箭完全可以控制，就像普通的汽油发动机一样，推力可以通过减少燃料供给来调节。"

"这枚导弹能负载多重?"希特勒问道。

布劳恩答道："A-5只是测试火箭，还没有考虑负载能力，不过经过试验，证明可以造出能携带巨大弹头的更大型的火箭。"

这时，布劳恩自以为觉察到希特勒的眼睛里闪出了一丝兴趣的光芒，便继续对各种液体推进剂功能、用途逐步进行详细的解释。

"飞机发动机只能靠汽油运转，"布劳恩说，"而火箭则可以使用成千上万种不同的混合燃料。许多异乎寻常的化合物证明是大有希望的。氢氧混合燃料能使排气速度达到每秒4000米，几乎等于目前酒精—氧气发动机的推进剂效率的两倍。但是液氢很难操作，还没有办法实际应用，所以这种排气速度只是理论上的。然而它表明，可以研制出新的或更好的混合燃料。"

希特勒多少有点满意了。他接着又问了一些问题，流露出他想把火箭纳入自己的宏伟总计划中的意思。

例如他问道，用钢板代替铝制造火箭是否可能。起初，他听说A-5只不过是一个研究用飞行器，不能带弹头，大失所望。但他听说A-4能把1000千克爆炸物载送到290千米之外的目标的简单介绍时，他就比较有兴趣了，问研制这样的导弹需要多长时间。

布劳恩望着多恩贝格尔，他想这个问题还是由一个军人来回答好，而且还可以让多恩贝格尔上校借题发挥，趁机要求得到更多的研发经费。

"根据目前的工作水平和财政支持，那是需要相当的时间的。"多恩贝格尔慢条斯理地说。

希特勒微微点了点头，以示回答。

在餐厅用午餐的时候，希特勒一边吃着素杂烩，喝着惯用的法申根矿泉水，一边自己谈到宇宙飞行的话题上来。

他说他曾经在慕尼黑遇到过马克斯·法利尔。希特勒说，法利尔是一个空想家。布劳恩正想要为法利尔辩护，并给元首简单介绍一下宇宙飞行问题，但是看到多恩贝格尔的脸色，便连忙住口。多恩贝格尔老练地笑了笑，用外交辞令说，宇宙飞行还是很遥远的事情。

希特勒把杯子里的矿泉水喝完以后说道："噢，好极了！"他指的是静态试验台上的火箭发动机表演。言外之意显然是想要结束谈话。按照礼节，就不应该再谈这个问题了。

布劳恩颇感失望。既然希特勒自己提出宇宙飞行的问题，为什么不谈下去呢？说不定他们终究能引起希特勒对宇宙飞行的兴趣。

希特勒这个人在其他方面十分好大喜功，为什么就不想搞宇宙飞行呢？但是多恩贝格尔解释了为什么不讨论宇宙飞行问题的理由以后，布劳恩同意了他的看法。

多恩贝格尔担心的是，希特勒会把他们看成是和法利尔一样的空想家。如果那样的话，连军用远程火箭这一比较容易达到的目标，他也会加以反对。

按照希特勒此刻的心理状态，甚至连研制大型火箭武器的时机已经成熟，他显然也不相信。但是，总有一天他会理解这一点的。喧闹的表演场面至少在一定程度上吸引了他，这可以从他的评语"好极了"推断出来。

希特勒向库默斯多夫的全体工作人员告别时，同布劳恩和多恩贝格尔握了手，说了几句感谢的话，然后便登上他的装甲汽车往柏林去了。

布劳恩可以想象得到，没有希特勒站在他们一边，他们将会遇到许多难题。

希特勒习惯于对他周围的亲信们说，他的"判断永远正确"。

而那些亲信们对待希特勒的判断，就像对待福音书里的真理一样，立即在全党进行传达。从当时的情形看，想要得到经费和支持看来是极为困难的，布劳恩已经开始意识到，通向宇宙飞行之路将是多么的漫长，那也将是一条不平坦的道路。

令他没有想到的是，由于他在 V-2 火箭研制方面的成绩，在几年可怕的战争结束以后，希特勒会授予他所谓"荣誉教授"的称号。

闯过难关研制 V-2

1939 年 9 月 1 日，德军入侵波兰。两天后，也就是 9 月 3 号，英法两国对德宣战，就此第二次世界大战揭开了序幕。

这时，布劳恩仍然沉浸在搞大型火箭为今后宇宙探索做准备的幻想中。开战后没几天，他们就把已经完善的新的制导系统装到了 A-5 上，随后进行了试射。试射非常成功，火箭上升的垂直高度达到了 13000 米，这是一个前所未有的高度。

1940 年初，佩内明德的指挥官向布劳恩表示，A-5 的研究必须停止，"除非能造出军方需要的军事武器来，否则陆军当局就会拒绝拨给必要的研究和试制经费。"

"如果我们只是无休止地发射实验火箭，那就休想维持我们的事业，"多恩贝格尔当时这样说，"军械部需要一种射程大大超过远程大炮的野战武器。"

经过研究，一种构型类似 A-5、可以通过铁路隧道运输的火箭，能携带 2000 千克重的弹头达到 270 多千米射程。这种火箭满足了军方的要求，因而就在这种非正式的情况下，V-2 的原始设想产生了。

1940 年夏，布劳恩带着佩内明德的全体技术人员全力以赴地投入到 V-2 研制的巨大工程中。工程难题几乎堆积如山，亟待解决，每一项大的改动又会牵出许多新的问题。

要使火箭发动机的性能调节到最完善的程度，就要进行几百次试车。用 V-2 的巨型发动机进行这样多次的试车，后勤工作量之大是惊人的。

V-2 的制导和控制提出了许多问题。A-3 和 A-5 所使用的制导和控制系统，是由工业公司供应的。这些公司和布劳恩本人共同商定规格以后，再进行设计和试验。尽管纳粹统治有极端国家主义倾向，但是德国的军需采办还是坚持这么一个原则：政府机构制定所需物资的规格，私人工业负责设计和制造。但是规格的要求越来越严，承包商开始提出一些非经详细研究无法给予满意答复的问题。

但这所有一切并没有难倒精力充沛、意志顽强的布劳恩，他的领导和组织才能也再次得到了充分的发挥。布劳恩的谦虚好学、知人善任使他带领佩内明德的工程师闯过了一个又一个难关。

战争爆发后，因为军方不相信他们能及时生产出什么有军事价值的东西以供使用，所以一些最有经验的人员甚至被征招入伍，剩下的人员也受到很严格的预算控制。

但在研制 V-2 的关键时期，佩内明德得到了当时的陆军最高司令官瓦尔特·布劳希奇元帅的支持，他是相信火箭研制会取得成功的少数人之一。他分配给佩内明德 3500 名官兵，这些人名义上是接受训练，实际上是加速研制。

"除了增加劳动力以外，我们还邀请了 36 名工程学、物理学和化学教授到佩内明德来，举办'献智日'，目的是要引起他们的兴趣，谋求合作。"布劳恩回忆道。

因为各大学也遭受征兵之苦，教授们都心甘情愿地用公文包带着一个或更多的问题，回到自己的研究所或大学去，任务是教授们根据他们当时的设备情况自己挑选的。

这样领出去做的任务包括积分加速表、泵叶轮改进、多普勒无线电弹道跟踪、陀螺仪轴承、电离层研究和电离层中的无线电波传播、天线方向图、超音速风洞的新测定法、飞行力学计算机和许多其他问题。从涉及的内容看，火箭技术的确已经成了一门复杂的科学。

布劳恩同教授们的合作不但富有建设性，而且关系十分融洽，非常民主。他们进行了大量的讨论，开了许多专题讨论会，大家彼此互访也不少。为了让大学的研究机构在研究方法上有较大的灵活性，让它们的人员有充分的机会去彻底熟悉火箭试验的所有实际情况，最后订立科学合同时条件订得很宽。这种做法促使人们做出了许多创造性的贡献。

佩内明德和 36 位教授之间的这种安排，阻止了后来纳粹分子在德国"组织"整个战时研究的企图。那些声色俱厉的纳粹党人，拿着各种表格要各个大学填写。为布劳恩工作的人就委婉地谢绝合作，说他们为佩内明德的重点项目进行研究，已经忙得不可开交。

发射 V-2 的第一次尝试是在 1942 年春进行的。发动机点火时，发出可怕的轰鸣声。导弹气势雄伟地上升了约一秒钟，随即因燃料供给发生故障，弹尾朝下落了下来。弹尾由于缺乏抵挡这种冲击的足够硬度，弯曲变形了。V-2 翻倒下来，在巨大的爆炸声中炸得粉碎。

4 个星期后，第二枚 V-2 似乎有可能满足布劳恩最乐观的期望。它通过了令人担心的音障而没有发生事故，这使全体工程人员松了一口气。因为许多空气动力学家曾经预言，"跨音速现象"会把导弹撕得粉碎。

过了 40 多秒时，第二枚 V-2 还可以看得见，情况和预期的一样好。突然间它开始摇晃起来，出现了一片白色蒸汽云，于是它就在半空中解体了。后来了解到，这是由于仪器舱区的外壳过于脆弱。1942 年 10 月 3 日发射第三枚 V-2 时，加强了外壳。

这一次的 V-2 飞行十分成功。第三枚 V-2 达到的最高高度是 85 千米，射程为 190 千米。虽然没有达到 275 千米的设计射程，但是这让布劳恩和他的火箭专家们十分满意。

多恩贝格尔对布劳恩说："这一次是非常了不起的，但我要警告你，使我们头痛的一些问题还根本没有解决，而只是刚刚开始。"

多恩贝格尔的警告是对的，这一点不久就证实了。迄今，纳粹官员中很少人像多恩贝格尔那样对火箭技术充满信心。希特勒走得更远，甚至预言火箭试验一定会失败，这是浮现在他心头的他那"永不会错"的臆测之一。于是，他的谄媚者都和他唱一个调子。统治集团中的多数人开始把火箭专家们看成是一些信奉左道邪说的人。

第三枚 V-2 的成功一下子改变了这种局面。希特勒毫不费力地把他的臆测忘得一干二净，成了一个火箭迷。那些拍希特勒马屁的人也学他的样子，闯进佩内明德大叫大嚷要立即生产 V-2。德国空军在不列颠之战遭到失败以后，甚至连希特勒司令部里头脑比较清醒的人也把注意力转向了火箭。

结果，建立了一个 V-2 特别委员会，直接由军械和军工生产部管辖，由格哈德·德根科尔布担任主席。该委员会马上开始发布高压指示，并建立一个强有力的生产机构。委员会的多数成员虽然精力充沛，但没有什么科学判断力。这个委员会成了刺进佩内明德的肉中刺。

尽管有这种种不利条件，尽管研究被迫匆忙进行，但是 V-2 的可靠性、射程和准确性还是逐步有所改进，并达到了随时可以进行大量生产的状态。在佩内明德南部建立了一座大工厂，生产某些重要零件，并进行装配。多恩贝格尔开始训练军官，并征募将来在战斗中发射 V-2 的士兵。同时，在维也纳附近、柏林近郊和腓特烈港有名的齐伯林飞船库又建起了 3 座装配工厂。

1943 年 6 月 28 日，党卫队头子海因里希·希姆莱驱车到佩内明德视察。他要看一看当时 V-2 计划的进展情况。这是盖世太保头子第二次来佩内明德。多恩贝格尔和布劳恩都担心希姆莱会给他们制造麻烦，甚至可能会插一手，把这项计划置于党卫队的管辖之下，所以他们小心翼翼地接待他。

多恩贝格尔和布劳恩把希姆莱带到军官食堂请他吃饭，彬彬有礼但不铺张。谈话只局限于表达他们希望火箭计划能很快列为希特勒最优先考虑的项目，这是高速度发展生产所必需的地位。这一群人拘谨地讨论着这个问题，直至第二天凌晨 4 时。

上午 9 时过后不久，希姆莱在前呼后拥之下来到看台上，观看第三十八枚 V-2 的发射。这枚约 14 米长的 V-2 笔直地竖立在 7 号试验台上。倒数计时进行完毕，火箭点火，顺利升离发射台。

当上升至 9 米多高时，导弹突然毫无规律地翻滚起来，以很低的高度掠过半岛，猛烈地喷射着火焰，起飞 15 秒钟后，火箭的内部结构在巨大的张力作用下瓦解，发动机完全关闭，这枚 V-2 便栽到西佩内明德的德国空军机场上。8000 千克重的液氧和酒精在巨大的爆炸声中燃起大火，停放在机场上的 3 架飞机顿时被炸毁，地面上也炸出了一个直径达 30 米的弹坑。

希姆莱嘲弄地说："现在我可以回到柏林去，心安理得地下令生产近战武器了。"多恩贝格尔知道，佩内明德已投入了数以亿计的德国马克，他听了希姆莱的风凉话，觉得很不是滋味。

不到一个小时，一些汗流浃背的佩内明德工程师，急忙把另一枚火箭从装配车间送到了发射位置上。

这一回，火箭完美无瑕地飞上天空，突然消失在高层云中。发动机雷鸣般的轰响声在波罗的海上空回荡了一分多钟，直至发出无线电讯号使它停车为止。不久以后，跟踪站报告，导弹落在230多千米外的波罗的海海滨。

希姆莱的脸上毫无表情。但是很显然，他也被发射的壮观场面和取得的辉煌胜利打动了。他答应有适当的机会要在元首面前为他们说句好话。

布劳恩对独创性工程的热情以及领导和管理第一流技术团队的能力，使V-2变成了现实。V-2问世的意义颇似赖特兄弟发明的基蒂霍克飞机。它们有两个共同点：飞机除了促进国际和平，发展国际民航和繁荣国际贸易以外，还可以用于战争；同样，大型火箭既能帮助人类探索宇宙和发展和平科学，当然此时是准备用于战争。

1913年，齐奥尔科夫斯基曾经说过："人类不会永远停留在地球上，但是在研究世界和宇宙空间时，首先将小心翼翼地突破大气层的界限，然后再征服整个太阳系。"布劳恩从第一次成功发射V-2的时候起，就已经认识到这些话所包含的真理。

他回忆起1942年10月3日V-2首次发射成功时，同事们是何等激动啊！多恩贝格尔将军本人说："你知道我们今天取得的是什么成就吗？今天，宇宙飞船出世了！"

但是，当V-2的大规模生产就要开始的时候，1943年8月17日，英国皇家空军的570多架四引擎轰炸机，在45架夜间战斗机的护卫下，把佩内明德夷为平地。几乎与此同时，英国皇家空军还夷平了3家被指定大量生产V-2的工厂。一家位于柏林北郊，一家在维也纳南面的维也纳新城，第三家是康斯坦茨湖畔的腓特烈港著名的齐伯林工厂。

这种同时进行的空袭表明，高度保密的 V-2 研制和未来生产计划已为同盟国所获知。希特勒做出的反应是命令整个火箭生产转入地下。他指派海因里希·希姆莱手下主管建设的头头、党卫队队长汉斯·卡姆勒去执行这项命令。

卡姆勒执行这项任务的主要条件是他手下管着几个集中营，从中可以抽出大量劳动力。他用残酷的手段逼迫那些俘虏进行长时间和高强度的劳动，把哈茨山南面靠近诺德豪森市一座废弃不用的油库改建成德国最大的地下工厂，即所谓米特尔工厂。

从 3 家被炸毁的生产工厂找出来的部分机床和装配设备被运到了米特尔工厂地道里。俘虏在德国文职工程师和技术人员监督下，开始进行 V-2 的装配工作。

由于分散在德国全国各地的零件工厂不断遭到轰炸，因此装配线常常因为缺少零件被迫停工。后来，越来越多的零件制造也转移到米特尔工厂进行。这通常安置在一连串较短的地道里，它们和两条主要的地道相连，就像梯级一样。在这种情况下，米特尔工厂的劳动力逐渐变成为德国雇员和俘虏的混合队伍。

布劳恩是佩内明德研制中心的技术指导，而佩内明德距米特尔工厂有 640 千米之遥，他从来没有负责过 V-2 的大量生产或米特尔工厂的管理。生产定额是由柏林的军械部定的，米特尔工厂的管理部门也是由它任命和监督的。

截至 1944 年 7 月 20 日，一些德国陆军军官谋刺希特勒失败之时，卡姆勒和米特尔工厂党卫队的作用逐渐缩小，只管理地道外面关着俘虏的几个集中营，并对俘虏进行的经常性破坏活动严加监视。

米特尔工厂的俘虏绝大部分是从德国占领区抓来的法国、波兰、南斯拉夫和其他国家的抵抗战士。在这些混杂的囚犯中，还有一些是因为反对纳粹统治而被捕入狱的德国共产党人，也有从德国监狱转到集中营来的少数普通罪犯。

米特尔工厂附近有一个集中营叫作"多拉"，这个集中营臭名昭著，20世纪50年代在西德进行的"多拉战争罪行审判"中，这里的一些党卫队军官和卫兵，以及米特尔工厂的高级文职管理人员，被指控犯有杀害那些进行破坏活动的俘虏的罪行。

布劳恩从未被指控与这些杀害俘虏的罪行有牵连，但在审判时被传去当证人。在证词中，他证实他听说过这样的罪行。

由于V-2设计老是在变动，他到米特尔工厂去过8次或者10次，通常是每次一天。但在此期间，他从来没有到多拉集中营或地道综合体外面的其他集中营去过。

他说，地道里的工作条件给他的印象和地狱一样可怕，还说"即使在当时德国已经被打得一败涂地，正在垂死挣扎的情况下，犯下这种暴行也使他永远感到羞耻"。

战后，因为"探险者1号"和阿波罗计划的成功，布劳恩的名字成了头条新闻。有两三名新闻记者代表法国的一个"多拉集中营幸存者"联合会，指控布劳恩本人应对他们在米特尔工厂和多拉集中营所受的苦难负责。

布劳恩说，这些指控使他非常伤心。以前在多拉审判期间，他已经清楚表明，这些指控是不公正的，是没有实据的。但是他决定不去非难这些记者，因为他们被驱赶到那个丑恶而又不人道的环境，是任何准则也无法为之辩护的。

至1944年春，米特尔工厂生产V-2的速度是每月300枚，后来又一度达到月产900枚的高峰。起初生产出来的V-2，大部分用于多恩贝格尔的训练计划，其余的分配给佩内明德，用于试验、改进控制设备和其他类似工作。

当时关于V-2最热烈的争论之一是有关火箭即将应用于实战的问题。包括布劳恩在内的佩内明德工程人员认为，除非有防炸弹的混凝土设施，旁边还有复杂的修理和试验设备，以及大量的专业技术人员，否则就无法在战斗中进行成功的发射。

多恩贝格尔极力反对这一基本观点，理由是：尽管混凝土设施的顶部很厚，但是在投入使用之前就会被敌机炸得精光。多恩贝格尔认为，要建立起V-2的作战能力，更聪明的办法是用机动兵器群的形式，由受过良好训练的军事人员操纵。

多恩贝格尔不顾技术人员几乎一致的反对，坚持这种办法，取得了意想不到的成功。

火箭用特别设计的炮底架运到发射地点，这种地点通常在密林里。然后把火箭竖立在轻便管状台上，用特别油槽车加注燃料，人在一辆装甲车上进行发射。装甲车用铁丝网围护成一座"流动碉堡"，停在距离导弹大约150米的地方。

多恩贝格尔的预言得到了完全证实：要在作战中取得更大的成功，必须使用这样的人，他们经过严格训练，但是对火箭技术的更深奥问题应该是比较不熟悉的。

他常说："叫那些科学家们离开火箭吧，我们不会有任何问题。"

被纳粹逮捕

随着第二次世界大战进入到关键期，V-2 的军事重要性与日俱增，它的影响也被扩大到纳粹党政治中去。

"在 1944 年初之前，我一直成功地避免了卷入任何政治圈套。陆军用检查安全出入证的办法，机智而有效地防止了对佩内明德的政治干扰。出入证干脆不发给不必要的参观者。"布劳恩说。

这时，热衷于钻营的卡姆勒开始认为他自己也是一个火箭专家，因为他曾用集中营的人挖成了米特尔地下工厂。卡姆勒开始对当时佩内明德的营地司令官莱奥·灿森进行攻击。灿森是一个虔诚的罗马天主教徒，守旧派的职业军官。他一直十分有效地阻止了纳粹党企图控制佩内明德工作的一切努力。盖世太保向灿森的上司多恩贝格尔报告，说他们掌握了一份关于灿森的档案材料，清楚表明他是一个危险人物，同时还送来了一份调换灿森的命令。

多恩贝格尔机智地按照这份命令的字面意义执行，任命灿森当他的助手，在柏林负责 V-2 计划，多恩贝格尔自己则接管佩内明德的最高指挥权。这样一来，他本人就向他自己的副手报告工作！盖世太保不想跟柏林的陆军最高司令部较量，所以也就不去理灿森了。

另一方面，卡姆勒则不敢诽谤多恩贝格尔，因为没有他的合作，卡姆勒就达不到自己的目的。

从 1937 年春起，布劳恩当上了佩内明德陆军研究机构的技术指导，同时也就成了卡姆勒蓄谋插手佩内明德的第二个靶子。

1944 年 2 月，布劳恩接到一个电话，要他向东普鲁士的海因里希·希姆莱司令部汇报工作。他心惊胆战地走进希姆莱的办公室。据布劳恩说，希姆莱确实是一个大恶棍，杀人不眨眼，但是表面上却彬彬有礼，很像一个乡村小学教师。他们的对话是这样开始的：

"我希望你能认识到：你的 V-2 火箭已经不再是一种玩具了，"希姆莱说道，"全体德国人民都迫切地等待着这种神秘武器……至于你，我可以想象得到，陆军烦琐拖拉的公事程序一直严重阻碍着你的工作。干吗不到我手下来工作呢？你一定知道，没有一个人能这样容易地见到元首。我可以比那些墨守成规的将军们给你更为有效得多的支持……"

"总监先生，"布劳恩回答道，"我再也找不出比多恩贝格尔将军更好的领导人了。现在我们的工作仍然迟缓的原因是由于技术上的问题，而不是烦琐拖拉的公事程序。你知道，V-2 就像一朵小花，要使它盛开，需要阳光、适量的肥料和一位细心的园丁。我担心，你现在的计划就等于灌注大量的粪水！你知道，这可能浇死我们的这朵小花。"

对这个比喻，希姆莱冷笑了一下，并且转换了话题。几分钟后，他很有礼貌地辞别了布劳恩，但布劳恩感觉到他的礼貌完全是虚伪的。布劳恩回到佩内明德继续工作。希姆莱以他自己独一无二的，也是到目前为止最有效的方式对布劳恩发起了进攻。

1944 年 3 月 15 日这个寒冷的冬夜，在奥得河边的施韦特，多恩贝格尔住处的床边电话凌晨就响了。通话者是步兵将军瓦尔特·布勒。布勒将军现任陆军参谋长，当时在贝希特斯加登元首司令部的武装部队最高指挥部工作。他传话多恩贝格尔必须立即去和陆军元帅凯特尔晤谈，在贝希特斯加登已经为他安排好了住处。

他和他的司机乘坐奥佩尔旗舰牌轿车，于上午8时离开施韦特，在约阿希姆塔尔驶上公路干线，途经柏林、霍夫和慕尼黑前往贝希特斯加登。由于暴风雪冰封道路，加上前一天晚上慕尼黑遭到猛烈空袭所造成的大混乱，他们在路上耽搁了，所以下午很晚才到达贝希特斯加登。他打电话给布勒。布勒表示要在自己的房间里和他谈话。

一刻钟之后，他告诉多恩贝格尔："布劳恩教授和两名工程师，克劳斯·里德尔和赫尔穆特·格勒特鲁普，因破坏V-2计划，于今天早上8时被捕并遣送什切青。"

多恩贝格尔无法相信自己的耳朵。这不可能是真的！布劳恩是他最好的人，他和布劳恩亲密共事达十多年。他相信自己比任何人都更了解布劳恩。布劳恩日夜操劳，孜孜不倦，把全部心血和精力都献给了V-2，现在却说他破坏V-2计划而把他逮捕！这是令人难以置信的。还有克劳斯·里德尔，他以不屈不挠的热情和对军事需要的卓越理解力设计出整个地面机构，他是他们最忠实的追随者之一！还有格勒特鲁普，他是施泰因霍夫博士的副手！他们全都被捕了，这简直是神经错乱！

多恩贝格尔问道："他们被控告犯了什么罪？"

"明天元帅会亲自告诉你。"

他实际上一夜不曾合眼，第二天早上9时去见凯特尔。这位陆军元帅很快就在办公室里接见了他。"你已经听说布劳恩、里德尔和你的另外一个人，昨天早上被盖世太保逮捕了吧？"

他点了点头，没有说话。"被告的问题很严重，非逮捕不可。这几个人很可能要丧命。他们身居要职，怎么会说出那样的话来呢，我实在不能理解。"

多恩贝格尔马上回答道："阁下，我不知道他们每个人被控犯了什么罪，但是我可以替布劳恩和里德尔担保。至于格勒特鲁普，我不很了解。他的案子，我需要听一听控告的具体内容。"

凯特尔显出十分惊讶的样子。"你要用你自己的性命为这些人担保吗？你竟然马上就下了这个决心！"

"阁下，我毫不犹豫、毫无保留地支持我最亲密的同事，这是毫无疑义的。"

凯特尔严肃地说："你的'最亲密的同事们'在青诺维茨一起声明，他们从来没有打算把火箭发展成战争武器；他们是在你的压力之下从事全部研制工作的，目的只是为了赚钱去做他们的实验，证实他们的理论；他们的目的始终是宇宙旅行。这些你都知道吗？"

原来如此！"不过，我还是要为他们担保。在佩内明德介绍技术表演的时候我自己常说，我们的 V-2 研制工作，只是向一个新的技术时代——火箭时代，迈出的试探性第一步。我曾经多少次坚决地认为，现在实现人类历史上这一转折的时机已经成熟！我们已经为宇宙旅行指明了道路。我们已经为实现宇宙旅行的可能性提供了证明。如果我的人重复这些词句就算犯了破坏罪，那么我也应该被逮捕了。"

凯特尔解释道："这些人灵魂深处所想的一直是宇宙旅行，结果没有把他们的全部精力和能力都用在战争武器的生产上。这一事实就说明他们犯有破坏罪。"

"这些人的被捕将会毁掉整个计划，尤其是当火箭就要投入使用，而我们又还没有找出最近发生故障的原因的时候。这一定是发生了什么不可理解的误会或错误了。"

　　凯特尔再一次耸了耸肩膀。"对此我无能为力。这件事是希姆莱亲自处理的。"

　　"阁下，佩内明德的全体军人和文职人员都是受军法约束的。佩内明德是在军事管辖之下，应该立即从盖世太保手中把这几个人提过来，转为军事拘留。"

　　"现在正在调查之中，我不能干涉。但是我可以从反谍报机关里派一个观察员去出席审讯。他将直接向我报告。你认为这些人的被捕会是一个重大的损失吗？"

　　"阁下，我希望记录在案：如果这些逮捕继续有效，研制工作的完成就要成问题，火箭在战场上的应用就要无限期推迟。"

　　"你真的认为后果将会如此严重吗？"

　　"在这个阶段，布劳恩和里德尔是实现火箭计划最重要的人；格勒特鲁普也是电气方面不可缺少的人，他是电气部门领导人的常驻代表。为了这个计划，我有责任要求立即释放这些人。"

　　"放理智点！没有希姆莱的同意，我无法释放他们。我还必须避免他们怀疑我在这些事情上不如盖世太保和希姆莱热心。我在这里的处境你是知道的，我受到人家的监视，我的一切行动都受到注意，他们只不过是在等着我犯错误。如果我也必须离开的话，军官团将会失去它和元首之间的最后一个中间人，失去施加任何影响的最后机会。那时党卫队和希姆莱就会成为唯一的统治者了。"

　　"阁下，我可以去见希姆莱吗？我有责任向他表明我的观点，并且要求释放这几位先生。"

"我来给他打电话。"

凯特尔打电话给希姆莱的副官，问他多恩贝格尔能不能晋见希姆莱。讲明了打电话的原因，他们等了一会儿，答复来了。

希姆莱拒绝接见。他说多恩贝格尔必须向柏林的党卫队总部提出请求，而且要去找党卫队的恩斯特·卡尔滕布龙纳将军。

第二天上午11时，多恩贝格尔在他的参谋长特姆中校陪同下，来到柏林市阿尔布雷希特亲王街的党卫队保安总局。这座楼梯已经被炸弹炸得破破烂烂。灰泥从屋顶和墙上剥落下来，窗户被炸得粉碎，门板已经掉下来。破坏更严重的地方则用木板堵住。到处都感到寒气逼人。

卡尔滕布龙纳不在，他们见到了党卫队分队长米勒。他是一个不引人注目的警官，容貌不会给人家留下什么印象。他背靠着窗户坐下来以后开始讲话："你就是多恩贝格尔将军吗？我听说过许多有关你的事情，看过不少有关你的材料。我想你是来谈有关佩内明德的事情吧！"

"是的，我要求立即释放莫名其妙地被保安处逮捕的那几位先生。为了支持我的要求，我要作详细的说明……"

米勒打断了他的话，"对不起。首先，这些先生并没有被捕，只是因为什切青的警察长官要对他们进行讯问，所以对他们实行保护性拘留。其次，保安处与此事绝对无关。到了1944年，作为一名现役将军，你一定会知道，保安处和盖世太保之间的区别。"

"将军，我一生从来没有和他们密切接触过，所以我不知道他们之间的微妙区别。对我来说，盖世太保、保安处和警察都是一回事。逮捕也好，或者像你所说的保护性拘留也好，对他们来说都是一样的。"

这位党卫队将军开始威胁多恩贝格尔本人，说他们掌握了他的大量"档案材料"。接着是一场激烈的争论。最后，多恩贝格尔详细地告诉米勒，这些被捕的人已经做了些什么工作，还有些什么工作要做，以及为了不致让整个计划遭到破产为什么必须立即释放他们的道理。米勒静静地听着，眼睛一动不动地盯着多恩贝格尔。

他拒绝在初步调查之前就承担任何义务，并声称他手头一点文字材料也没有。他答应简要地向卡尔滕布龙纳说一说，催他抓紧办理这件事。多恩贝格尔要求他对什切青方面紧急施加压力，他答应照办。接着，多恩贝格尔要求允许他到什切青去看一看被捕的人，米勒表示同意。

谈到这儿，多恩贝格尔就告辞了，他前往什切青。几天之后，他和在最高统帅部反情报部管事的克拉罗特少校密切配合，设法把布劳恩转移到施韦特，然后完全释放。在什切青的时候，多恩贝格尔在晚上还带上一大瓶白兰地去看望布劳恩。

过了不久，他又欢迎里德拉和格勒特鲁普回到他的办公室。后来发生了 1944 年 7 月 20 日的政变，不久 V-2 又投入使用，这个案件也就不了了之。

多恩贝格尔后来才知道，这些人的被捕是由于特务告密。希姆莱第一次视察佩内明德以后，他的特务机构在邻近的青诺维茨小镇居民中安插了特务。显然，特务把注意力集中在他们身上，而不是监视当地的居民和陌生人。他们还断章取义，把布劳恩他们的话加以歪曲，使人家听起来像是犯有叛国罪。

据布劳恩回忆，在青诺维茨的一次鸡尾酒会上，他讲的话的确曾使一位女医生听得入迷。他那些话可能被解释为：似乎 V-2 并不是要作为一种战争武器的；研制 V-2 时他一心想的是宇宙旅行；他对 V-2 即将用于军事作战感到遗憾。

"那个女人，"布劳恩说，"显然是一个盖世太保密探。无论如何，我是坐了两个星期牢，还在监牢里过了我的 32 岁生日。老天爷知道我是多么感激多恩贝格尔把我救了出来。感谢上帝，我没有受到拷打，没有被枪毙——盖世太保从来就是这样干的。"

其实，党卫队对布劳恩所下的判断，远不止是犯了破坏罪。他们认为，布劳恩有一架飞机，随时准备带着重要火箭资料飞往英国。这一点很难反驳，因为他经常使用一架属政府所有的小型轻便飞机"梅塞施米特台风号"，他自己驾驶着这架飞机到德国各地办公事，他怎么能证明自己没有叛国意图呢？

成果被用于战争

汉斯·卡姆勒博士对佩内明德的险恶用心一直未能得逞，直至1944年7月20日一部分陆军军官谋刺希特勒失败以后，党卫队才交了好运。

为了挽回败局，希特勒极力施压，命令尽快将V-2投入战争。当时，V-2已接近军事应用阶段。被提升为党卫队将军的卡姆勒在幕后运动，终于使多恩贝格尔的任务降为监督V-2部队的装备和训练。这样，他就失去了对那些靠他的熟练业务组建起来的军事单位的控制权。

为了测定火箭的准确性及其弹头的破坏力，早在1944年夏，大规模的V-2运行试验就开始了。试验是在波兰南部的一个荒凉地区进行的，在那里设立了观测站、探测装置和跟踪基地。每天大约发射10枚带有装药弹头的导弹。导弹连开始发射以后不久，据报告，差不多60%的火箭在距离弹着点大约两三千米的空中便爆炸了。

"我立即带领一个鉴定人员团队离开佩内明德，按照多恩贝格尔的建议，在目标地区的正靶心上建立了指挥部。"布劳恩说。

"多恩贝格尔马马虎虎地推断，这肯定是最安全的地点。我到达的时候，他自己已经在那里了。但是有一天，我恰好站在一片开阔地上，看着塔顶的时间指示器。指示器上预告，即将有一枚火箭到达目标地区。我抬头向着火箭即将飞来的方向望去，只见一道淡淡的导弹白云尾流朝我飞来，我吓坏了！我几乎来不及卧倒，就被一声雷鸣般的爆炸掀起老高，掉在附近的一条沟里，没有受伤。弹着点离我还不到100米，爆炸的弹头没有把我炸得粉身碎骨，真是奇迹。"

就这样，布劳恩差点被他自己的火箭武器杀死……

1944年9月8日，德国部队从荷兰海牙郊外发射了第一枚用于实战的V-2导弹。发射后不到6分钟，即下午18时43分，这枚带有900千克炸药的火箭，在离伦敦很近的泰晤士河畔爆炸，造成严重破坏。

于是举世皆知的军事火箭最引人注目的应用开始了。10天内德国部队向伦敦倾泻了26枚V-2。

德怀特·D.艾森豪威尔将军写道："当时似乎可能发生这样的情况。如果德国人提早6个月完善并使用这些新式武器，我们要进入欧洲将是极端困难的，甚至不可能的。"

约14米长的V-2，直径将近1.7米。装上全部推进剂的发射重量大约为13吨，发动机产生的推力为25吨。大约69%的导弹重量是液氧—酒精燃料。

V-2从欧洲大陆的发射场到伦敦，飞行时间一般是5分多钟。大约在35000米的高度上，燃烧就结束了。接着火箭开始做快速无声的惯性飞行，达到90000米的最大高度。切断推力以后的速度是每秒1600米左右。V-2击中目标时的速度是每秒约800米，比多数来复枪子弹都要快，当时还没有研究出截击的方法。

因为在佩内明德的大空袭中死了不少人，所以第一次用V-2袭击伦敦以后，佩内明德火箭专家们的个人感情不能说没有受到复仇情绪的影响。但是布劳恩说，大家也感到很懊悔，因为V-2原来是设想作为月球飞行的头一步的，但却参与了战争的残忍勾当。

从1944年9月8日V-2首次轰炸伦敦到1945年3月27日最后一枚袭击肯特郡的奥尔平顿，德国共向英国本土发射了1115枚V-2。而射向同盟国其他国家和地区的V-2一共有6000枚以上。英国的资料表明，2742人被V-2炸死，6467人受伤，经济上的损失也非常大。

早期生产的V-2性能还很不理想。从1944年8月16日至1945年2月，提供给野战部队的V-2有3000枚，在起初检查的1000枚中，339枚有缺陷，必须退回工厂。发射的661枚中，大约有5%或者飞不起来，或者起飞后打滚。有些甚至在发射台上爆炸。

1944年10月以后，作战部队所收到的导弹有85%成功地发射出去。所有这些导弹都到达目标附近，但是只有20%到达特定目标附近2000米之内。到达目标前在半空中爆炸的也还占了一定比例，它们虽然也有相当的破坏力，但是没有充分发挥出效能来。

由于诺曼底登陆成功，在英吉利海峡沿岸进行发射即将不可能。按照军方的要求，佩内明德研制团队的工作开始转向研制射程约为600千米的有翼V-2，即A-9，这种火箭成了高度优先的军事需要。

至1944年秋，因为大多数德国人都已经被征调入伍，要想得到迫切需要的人力已经不可能了。在无计可施的情况下，最后只好把外国工人、政治犯和战俘全用上去，由熟练的德国雇员对他们进行监督。在完成大部分装配工作的米特尔工厂，10000个劳工里面有9000个是外国人。

实际上，此时布劳恩并没有积极配合刻不容缓的紧迫战争需要，他研制火箭时始终考虑怎么把研究成果应用到未来的航天事业上，他甚至列出了一个宏伟的长远计划，最终目标是载人太空航天器。

"在我们的一些A-9的未来计划图中，用一个增压的座舱取代弹头，还有一个三轮式起落架，"布劳恩说。"因为我们最近和盖世太保进行了一次近乎致命的较量，所以这些图样对一切外来参观者保密。我们计算，A-9可以载着一个飞行员，在17分钟内飞行600多千米的距离。它可能像V-2一样垂直起飞，然后像滑翔机一样在一条中等长短的简易跑道上着陆，可以说是今天的航天飞机的先驱者。"他笑着回忆道，"根据国家的紧急情况，这些未来的设想应该是把A-9设计成急需的、射程更远的导弹。我们甚至把它命名为A-4B，以便让它得到A-4这个高度优先项目的各种好处。"

布劳恩表示，如果把载人A-9作为第二级，安装在A-10火箭助推器顶上，它可以成为一架能飞越大西洋的超音速火箭飞机，这就是A-9至A-10计划一个最迷人的方面。

虽然布劳恩在脑子里还不断地在考虑着另一种更大的助推器，这种助推器按顺序应命名为A-11，但是除了设想以外，他不敢超出A-10的范围。A-11、A-10、A-9组合将成为正式的三级航天飞船。只要稍加改进，这种组合就可以很容易地把A-9飞行员射入绕地球的永久卫星轨道。

布劳恩认为，这离永久卫星站的设想只不过是一步之遥。"把

A-10改装成有翼的末级，"布劳恩在1945年被俘后对美国调查人员这样说道，"把A-11改装成三级飞船的第二级，然后再加上一个真正大型的助推器，也许就叫作A-12。A-12的推力不少于12000吨。它可以使有翼A-10达到卫星速度，但是这一下可不光是一个飞行员了，而是有效载荷大约30吨。许多这样的航天飞船定期往返于轨道和地球之间，就可以把人员和大量物资运到宇宙空间去，在轨道上建立起永久的住人航天站。"

战争结束时，佩内明德的程序表大致是这样的：

自动远程单级火箭，即A-4、V-2；自动远程滑翔导弹，即A-9；载人远程滑翔导弹，即A-9B；自动二级加速滑翔导弹，即A-9、A-10；高超音速二线加速滑翔飞机，即A-9B、A-10；不载人卫星；飞往卫星的载人火箭；载人卫星；自动太空飞行器；载人太空飞行器。

1944年底，苏联军队从东边进入德国，离佩内明德火箭中心不到160千米。同盟国军队在阿登摧毁了德国的最后一道防线，迅速地从西边涌进来。

V-2野战部队被迫从荷兰和法国北部的发射阵地后撤，他们的战斗行动随之中断。由于东西两边都遭到围困，分包商的工厂损失越来越大，导弹生产不断受到阻碍。

外国来源完全断绝之后，重要原料的供应处于绝望状态。因为缺乏原料和人力，甚至旨在改进V-2的研究和发展工作的效率也变得很低。尽管做了很大努力，临时凑合着做不可能做到的事情，但终究是十分艰难的。

佩内明德的士气降到了最低点，形势非常严峻。1944年12月12日，佩内明德正式成立了"人民武装部队"，精疲力竭的工人和工程师，在已经很少的业余时间中还要接受近战和巷战训练。

他们进行训练，并接受命令建设和保卫街垒，每星期 3 次，一共 4 小时，官方试图用颁发十字勋章和其他勋章的办法来勉强维持雇员的士气。

到 1945 年 1 月底，苏联军队直接威胁佩内明德，他们做好准备，凡是不能撤退的东西都要毁掉。他们尽一切努力不让苏联军队获得有助于重新制造 V-2 的任何情报。文件和图纸也准备毁掉。他们把装有酸和黏性油的容器放在适当的地方，一旦流出来就会淹到那些档案上，二者混合即可引起燃烧。

策划向美国投降

　　1945 年 1 月的最后几天，布劳恩召开了一次绝密的高级人员会议。会议是在一所农舍里举行的。他们开会时，可以听到远处苏联军队的炮声。但是和苏联军队大炮比起来，他们更害怕的还是盖世太保会听到这次会议的风声。

　　"德国已经战败了，"布劳恩说道，"但是我们不要忘记，首先成功到达外层空间的就是我们个团队。我们向来相信人造卫星、月球飞行和星际旅行。因为相信火箭在未来的和平时期有伟大的发展前途，我们遭受了许多艰难困苦。现在我们有一个义务，每一个战胜国都会想要我们的知识。我们必须回答的问题是：把这一份财产交给谁？"决定是一致的，没有一个人反对，他们全都赞同向美国投降。

　　当时，大约有 10 个交叉的指挥机关向布劳恩下达自相矛盾的命令，这实际上使佩内明德的文职管理机构在这个关键时刻可以决定它自己的命运。但是不管做出什么重大决定，要实现都是充满危险的。

　　负责保卫这个地区的陆军部队将军命令他们放下工具，参加人民冲锋队，誓死保卫祖国的每一寸土地。

负责德国火箭计划技术和工业方面工作的柏林军械部，指示他们带上最重要的研究设备，转移到靠近哈茨山脉一个叫作布莱歇罗德的小镇，并在那里继续进行工作。他们很高兴，因为这可能使他们处于美军必经之途。

但是他们能否通过那位要求他们参加作战的将军的后方地区，却大成问题。布劳恩很快查明了情况。在他坐小汽车迅速前往柏林返回佩内明德的路上，在一个设置路障的地方，一位军官回答了这个问题。"本地区不再允许民用车辆通过。"他说。

"他和我像两只蛤蟆狗似的对峙着，"布劳恩回忆道，"他显然不大了解佩内明德，但是他接到的命令是清楚的。我对他说，我们接到的命令也是不含糊的。我谈到我们的奇妙武器，谈到军械部严令我们转移到德国中部一个更安全的地方，以保证最后的胜利。这个转移计划将动用两列火车和大约1000辆卡车、汽车。"

"这个计划叫什么呢？"他问道。

他编造了一个名字。"我们称之为特别部署计划。"布劳恩回答道。

"你们的车辆，窗户上要有标签和记号，"他最后回答道，"我将授权手下的人，让你们通过。"

布劳恩想象中的计划，德文首字母是VZBV，意即特别部署计划。他们把每一辆卡车和汽车都涂上了这个标记，而且还缝在臂章上。

德国正在崩溃，同盟国节节胜利。布劳恩则四处奔走，忙于进行一次几乎是不可能的撤退。不管有什么危险，不管要付出什么代价，必须在几天之内，如果不是几小时的话，把全体人员和智囊团、大量的技术报告、设计图、专利品、蓝图和工程图纸撤出来。

布劳恩的工作劲头向来是出众的。现在仍然如此。他自己也承认这一点："我要不是这样的话，我想我就会成为老朽，我的脑子就会不管用，我就会退化……"

但是在佩内明德进行撤退的那些日子里，那种紧张和劳累，甚至连布劳恩也几乎受不了。

根据军械部的命令，布莱歇罗德镇成了他们新的总部。各个部门和实验室安置在不同的建筑群里。这些建筑物多数是属于战争期间倒闭的工厂的。他们借助于自己制定的紧急命令征用了这些设施，这些紧急命令凭当时仍然是高度优先项目的 V-2 获得了合法性。

总人数近 5000 人的团队，在极端困难的情况下进行了转移。由于铁轨遭受破坏，桥梁被炸毁，本来已经开得很慢的运载人员的列车，一再为空袭所阻滞。

缺乏住房是一个大问题。原来由先遣队指定作为雇员及其家属住房的建筑物，后来又被征用作为应急医院，所以许多人只好和他们的家属住在小镇外围的一些村子里。

2 月初，布劳恩到他一个亲戚的农庄去，向他的表妹玛丽亚·冯·克维施托普告别。当时她已经坐在行李箱上，准备到靠近荷兰边界的一个地方去。他对她十分爱慕，然而这时他没有说什么情意缠绵的话，因为那是一个绝望的时刻。

第二天，布劳恩的满载人员、供应和设备的特别部署计划护送车队开始向南转移。他们在转移期间白天黑夜都忙个不停，没有一个人能得到充分的休息。因为护送车队经常受到同盟国飞机的袭击，火箭专家们只能在夜间行动。

有一天半夜驱车疾驰时，布劳恩的司机因疲乏过度，在方向盘后面睡着了。布劳恩坐在司机旁边也酣然入睡。汽车高速冲出路堤。接下去所发生的事情，布劳恩能记得起来的是，他在医院的病床上恢复了知觉，身上青一块紫一块，多处受伤，有一边的肩膀粉碎性骨折，左臂折断两处。要是在平时，他会决定在医院里住上几个星期。但是布莱歇罗德地区需要他，从佩内明德撤出来的几千名人员迫切需要他。

此时，尽管德国已全面陷入困境，V-2 计划尤其困难，但是德根科尔布的生产计划仍然要求到 1945 年 9 月每月生产 600 枚火箭。除此之外，他们还期望他能制订一项应急计划，以解决 V-2 的两个遗留问题：如何提高准确性和防止过早的空中爆炸。

3 月初，苏联军队进占佩内明德，并向柏林挺进。20 日，美国军队占领哈茨山和诺德豪森附近的米特尔工厂，使 V-2 的生产完全停顿。但是布劳恩和他的高级导弹科学家及技术人员，已经被德国党卫队从布莱歇罗德据点弄到慕尼黑南面的一个地区去了。种种迹象表明，党卫队准备把他们消灭掉，以防他们被同盟国军队俘获。然而事态进展很快，纳粹来不及执行这项计划。

1945 年 3 月 15 日，多恩贝格尔和布劳恩接到党卫队总部发来措辞严厉的命令，要求销毁从佩内明德撤到布莱歇罗德的一切有关导弹计划的秘密文件，防止被敌人缴获，但他们都不愿意这样做。

布劳恩因为车祸受伤还不能工作，多恩贝格尔担负起执行一项特殊任务的责任，执行这项任务必须避开党卫队虎视眈眈的监视。他指示佩内明德的两名主要文职工程师，他们也是布劳恩的最亲密的同事，把材料装到几辆大型带拖车的卡车上，运到哈茨山中德恩滕镇附近一个废弃不用的矿坑去。

到了离矿坑大约还有 5000 米的地方，把所有的司机和卫兵都打发走，只留下两名可靠的工程师迪特尔·胡策尔和伯恩哈德·特斯曼，在几个不知究竟的矿工帮助下，继续把车子开进矿坑。文件被卸在矿坑里，然后炸毁入口处，把资料封闭在里面。1945 年 4 月底，占领哈茨山的美国陆军找到了这个矿坑，发现了这些隐藏的箱子。

哈茨山南面地区当时的土皇帝是党卫队将军卡姆勒，他依靠他管辖下的集中营犯人的帮助，炸出米特尔工厂地道的时候，曾经使用过残忍的手段对待那些人。他预料同盟国军队可能会绞死他，于是他决定为保住自己的脑袋进行讨价还价。

卡姆勒准备把布劳恩和他的团队作为人质。他对布劳恩说："你去挑选 500 名主要人员，要他们准备好明天上我的特别列车。不许带家眷。我要把你们送到你们可以继续进行重要工作而又不必担心受到侵扰的地方去。"

凄凉的离别场面惨不忍睹，家庭被野蛮地拆散了。挑出来的 500 人被送到阿尔卑斯山麓靠近奥伯拉梅尔高的一个德国军队营房去。"风景绝佳，"布劳恩说，"营房也很舒服。只有一道障碍——我们的营房四周有带刺铁丝网围着。"

不久，这 500 人全都意识到，他们是被卡姆勒作为人质扣留起来了。如果同盟国不愿意进行交易的话，他们就会被杀害。布劳恩开始想办法使这一阴谋不能得逞。

布劳恩看到同盟国的飞机随心所欲地轰炸扫射，就去找那位负责奥伯拉梅尔高军营、处于极度紧张不安之中的党卫队军官。布劳恩说："要是有一颗炸弹落在这个军营里，就会毁掉我们的整个武器计划，你是要负责的。"他建议把比较重要的科学家分散到附近的村子里去，这样，空袭就不可能一下子把所有的工作人员都炸死。

"我受命支持你们的工作，我要对你们的福利负责，"党卫队军官圆滑地说，"如果你们住在外面，我就没有办法行使我的职责。我不具备必要的运输手段。"

"好，那不成问题。"布劳恩微笑着答道。他在离开布莱歇罗德以前，曾经悄悄地命令大约20名佩内明德老司机把卡车、汽车和足够的燃料从哈茨地区开到奥伯拉梅尔高来，以便重要的研究工作能够继续下去。

布劳恩答应给那个党卫队军官一辆私人小轿车和他所需要的全部汽油。第二天，党卫队把科学家们分小组护送出铁丝网，住到周围的村子里去。

"遗憾的是，美国军队离我们好远，"布劳恩回忆道，"巴顿将军油箱里的汽油显然比我们还少。在那几个星期中，形势十分危急。谁也不知道党卫队下一步要干什么。甚至连我们的食物供应也成了一个十分头痛的问题。"

"我是鼓动大家逃跑的，我感到自己有责任。但是我由于车祸受伤，走动还很不方便。我的胸部和左臂都用石膏绷带包着。于是我的同事们在我们所采取的勇敢行动中冲锋陷阵。

"有一天，我很高兴地听说，我的好朋友恩斯特·施泰因霍夫博士已经成功地说服了党卫队的看门狗，使他和仍然在哈茨地区的卡姆勒割断了关系。'你想，要是美国人来了，你穿上便衣，装成是一个工程师，会不会比穿制服安全些？'他这样问他。这话果然起了作用。

"从此以后，与其说我们是那位党卫队军官的俘虏，倒不如说他是我们的俘虏。德国军队仓库里还堆满着食物等待着再也没有下达的陆军命令。我们共同采取了欺骗行动。我们再次把那些神秘但是十分有效的特别部署计划标签贴在卡车上，重新亮出在佩内明德时曾给我们帮过大忙的、享有最高优先权的命令，像蝗虫一样从一个军用仓库飞到另一个军用仓库。这办法果然奏效。我们运走了许多吨食物，分发给自己那 500 人。"

但是布劳恩本人需要的不只是食物。他操劳过度，急需医疗护理。很显然，如果他继续忽视自己的断臂伤肩，将会发生严重的并发症。他所选择了一家医院，以成功治疗滑雪者和登山运动员的四肢骨折著名。这家医院的外科主任说："你需要动两次手术，间隔大约 4 天。"

外科医生拿掉石膏绷带，把头一个骨折处打开。布劳恩躺回床上去时，医生对他说："不要动，在进行第二次手术以前，我不给你上石膏绷带。"

布劳恩躺在床上，动弹不得，情绪低落，忧心忡忡。为了解闷，他只能收听德国广播电台的广播。他得知，巴顿将军的第三军又开始前进了。即使不听广播，各种迹象也已经有足够的说服力。同盟国的战斗机和轰炸机日夜不停地在头顶上轰鸣。炸弹落在医院周围，重病号被转移到地下室去。

但是一只手臂骨折，即使没有上石膏绷带也很痛，可还是算不上重病号。在空袭过程中，他只好躺在医院病房里，眼看着炸弹击中附近的建筑物，束手无策地等待空袭结束。这真是折磨神经的痛苦经历。

第三天下午，一名佩戴红十字臂章的士兵走进布劳恩的房间。"赶快穿好衣服，"他说道，"我给你弄来了一辆救护车。"

"是谁派你来的？"

"多恩贝格尔将军。"

尽管在陆军军官企图谋杀希特勒失败之后，多恩贝格尔被迫离开了他的佩内明德的同事，但是他一直关心着布劳恩团队的动态。现在他的老同事们需要帮助，他立即采取了行动。布劳恩几乎不相信多恩贝格尔就在附近，而且再次来拯救他。一时间他一句话也说不出来。

"法国军队不到一小时就要到这里了。"那士兵说道。

这句话解决了问题。当他团队里的其他人都将被美国人俘虏的时候，布劳恩自己不想成为法国俘虏。在这种情况下，事态的发展将是不可预料的。他可以想象出他的投降计划将会遭到怎样的破坏。外科医生在几分钟内给他的手臂上了石膏绷带。布劳恩立即火速驱车前往多恩贝格尔的阿尔卑斯山休养所。

他们到了奥伯约赫的巴伐利亚休养所，多恩贝格尔将军沿着小道冲下来迎接布劳恩。在他后面是 24 个佩内明德老同事和布劳恩的弟弟马格努斯。

布劳恩终于有机会向他慈祥的朋友介绍整个佩内明德研制团队向美国人投降的计划了。

"你的看法如何?"布劳恩问道。

"如果我不相信这是一条正确的道路，你想我会派人去接你吗？战争结束了。把我们的婴儿交给妥当的人，这是我们对人类应尽的责任。"

但是多恩贝格尔的前途并不那么美好顺利。因为 V-2 曾经对伦敦进行过猛烈轰击，英国人正在搜捕多恩贝格尔，他们要把他作为战犯审讯。同盟国当时已经在搜捕戈林和其他纳粹头子，同时正在计划著名的纽伦堡的历史性审判。当然，多恩贝格尔对悬赏他脑袋的事一无所知。当时他和布劳恩只有一个想法：如何尽快找到美国人。

"在奥伯约赫等待的时候，我们考虑过自己的前途。"布劳恩说。几个星期以前，墨索里尼在意大利被游击队杀掉了。德国电台则刚宣布，希特勒在柏林之战中"英雄般地死去"。

　　"我最担心的是我的父母，他们在苏联军队战线的大后方。我的哥哥西吉斯蒙德当美军接管罗马时，在梵蒂冈城的德国大使馆，人身安全，并由此摆脱了战争。至于玛丽亚，我只知道她的双亲已经准备要撤退到靠近荷兰边境的一个小镇。

　　"激动人心的停战公告通过电台宣布了。我们在宁静的奥伯约赫滑雪旅馆等了三四天，最后决定主动和美国陆军取得联系。在我们当中，我的弟弟马格努斯英语讲得最好。于是我们派他骑自行车下山去安排投降事宜。几个小时之后，他又上山来了。"

　　"安排妥了，"马格努斯有些激动地说道，"我拿到了6辆汽车的通行证。他们派一个护送队来，接我们到他们的情报单位去。"

　　多恩贝格尔将军马上把这批人组织好。他们挤进了小轿车，开始驶下陡峭的山坡。

　　布劳恩问他的弟弟："你到底是怎么联系的呢？他们知道我们是从佩内明德火箭场来的吗？"

　　"我首先碰到的卫兵当然什么也不知道，"他回答说，"但是他们打电话给山谷里的总部，总部的人似乎是接受特别命令来寻找我们的下落的。"

　　对布劳恩来说，一年来再没有比这更好的消息了。他安心地靠到他的座位上。他们绕过山脊，布劳恩看到一辆吉普车，车上的枪对着他的方向。"当心！"他喊道。

　　马格努斯说；"他们是护送我们的。在这样的大雪天，他们尽可能来到最远的地方接我们。"

布劳恩又可以松口气了。事情开始按照他的计划发展。来自奥伯约赫的这一小批人，向美国第三装甲师和第四十四步兵师投降以后不久，他终于又和来自奥伯拉梅尔高的那几百名佩内明德人的其余部分会合了。这批人很快都在加米施·帕滕基兴的兵营住了下来。在那里，他们受到美国技术情报组的盘问，这些情报组是和理查德·波特博士的人才搜索队合作的。波特在"文件夹计划"中起着关键性的作用。这个计划旨在网罗可能对美国有用的科学人员和设备。

然而多恩贝格尔被移交给了英国人，他没有被定为战犯。但他是一名德国陆军将军，在英国过了将近两年战俘生活。

显然，布劳恩向美国人投降的意图，当时只有佩内明德的最高层科学家才知道。1945年4月间，当 V-2 计划遭到破坏，纳粹行将垮台时，火箭研制团队中的许多主要成员正在德国各地执行故障检修任务。

恩斯特·施图林格博士是处理大型武器速度测定的积分器组负责人。战争结束时，他和他的大约 20 名专家，一起躲在图林根的魏玛附近。布劳恩和多恩贝格尔投降以后，他还一无所知。直至欧洲胜利日后几星期，佩内明德的制导和控制部主任施泰因霍夫博士来找他，他才明白一切。由于理查德·波特的人才搜索队的努力，其他人也都在德国西部各地找到了。

几年后，当年拘留过佩内明德团队的美军四十四师三二四步兵团反坦克连官兵谈起这次投降的事儿，他们说，那是令人难忘的时刻。反坦克连的人遇到布劳恩时，他们心里很怀疑，他除了替邻居的孩子们放风筝以外，有没有发射过什么更有破坏力的东西？在一些美国士兵眼里，他似乎太年轻太快活了。

一位美国中士回忆道："布劳恩要不是有多恩贝格尔陪同，他说自己是赫赫有名的 V-2 科学团队领导人，在一段时间内恐怕是不会有人认真对待的。但是多恩贝格尔将军的样子是够凶的，足以说明他们两人的身份。"

第四十四步兵师的对外联络员回忆起布劳恩及其一行从山上下来时的情景。"他们的车队马达轰鸣，灯光耀眼。眼见这种情况，竟没有一个激怒的美国狙击兵认为应该向他们开枪，这对于科学研究来说的确是一件大幸事。"

黎明前，他们由第四十四师接收。该师记录表明，正如布劳恩清楚记得的，他们是在战争结束之前投降的。科学家们和步兵一起待到中午，才被反情报部队带走了……

因为德国垮台时情况很混乱，所以反坦克连对布劳恩更加怀疑。许多文职科学家为了争取征服者优待他们，试图说服美国审问者相信他们过去是成绩卓著的。

在这动乱时期的一个傍晚，当一个"衣衫褴褛"的德国年轻人，见到来自美国威斯康星州希博伊甘的一等兵弗雷德·施奈克特，告诉他 V-2 的发明者就在附近准备投降时，施奈克特是有怀疑的。

"我看你定是疯了。"他说。他并不知道这就是那个 V-2 的发明者的亲弟弟，但是他还是把这一消息向他的上级做了报告。经过讨价还价达成妥协以后，才安排让布劳恩他们于当天晚上通过战线到美军方面来。

他们共 9 个德国人。在第四十四师的军人眼里，多恩贝格尔将军是一个瘦军官，具有"埃里希·冯·斯特罗海姆型的容貌"。他们满以为这位将军会暴跳如雷，但结果他却非常温和，叫他们大失所望。

"布劳恩对我们的士兵态度和蔼可亲，像是一位屈尊来访的国会议员。几天前他左臂骨折，用石膏绷带僵硬地吊在胸前。这并不妨碍他摆好姿势，不停地和美国士兵一起合影。这些照片有微笑的，有握手的，有好奇地指着人家的勋章的。

"他的表现不像是一个战俘，倒像是一个著名人物。他显出愿意回答一切问题的样子，很快就透露出，他不仅在佩内明德工作过，而且是它的奠基者和领导人。"

在许多美国兵看来，30岁刚出头的人有这样的成就是很了不起的。一个步兵说："我们如果不是抓到了第三帝国最大的科学家，就一定是抓到了最大的骗子！"几年以后，有一位美国兵说："第四十四师，尤其是第三二四团反坦克连很高兴，因为那位教授是一个真正的天才……"

在双重危险之下度过了漫长而又恐怖的3个月，布劳恩本人和他的团队既从党卫队将军卡姆勒的人质地位上解脱出来，又安全地避开了同盟国飞机不停地雨点般轰炸，现在是布劳恩平静快乐的时刻了。

对他来说，一定是把"投降成功"看成为又一里程碑和成就的，因为这次投降是他一手策划的。当他的国家处于战争状态时，他已经做出最大努力，尽了他自己认为是爱国的义务，帮助它取得了一种强有力的新式武器。

既然大局已定，这一切已成为过去，他认为自己新的义务是从德国崩溃的废墟上，把对将来征服宇宙空间极其宝贵的贡献拯救出来，并献出他的本领，自愿地为美国服务。

做了美国的和平俘虏

在巴伐利亚的投降，确实顺利地按照布劳恩的希望和计划进行。这一快乐的结局，在很大程度上应归功于一位勇敢而受欢迎的美国军官的努力，他就是霍尔格·托夫托伊上校。

20世纪50年代后期，托夫托伊是在马里兰州的隶属美国陆军军械署阿伯丁试验场的将级指挥官。他在美国的火箭发展计划和布劳恩的生活中起了极为重要的作用。在亚拉巴马州亨茨维尔市民的心目中，他是一个英雄。

战争期间，托夫托伊是驻欧洲军械技术情报组组长。当时他的任务是及时了解敌方装备情况，并检查缴获的装备。他经常受命把缴获的武器系统、坦克、大炮和车辆样品运回美国。

V-2取得成功以后，同盟国理所当然地把它列在要缴获的装备清单之首。当托夫托伊接到华盛顿发来的电报，要求把作战用的V-2运回美国进行发射时，他一点也不感到奇怪。

但是当时搞不到作战用的V-2，德国人已经把所有能用的火箭全发射完了，或者在运往发射地点的途中销毁了。托夫托伊最大的希望是找到足够的零部件，在美国重新装配几枚导弹。这样也许可以让陆军得到试验这种可怕的新式武器的机会。

他被催促搜寻并运回"装配和发射 100 枚 V-2"的足够零件。

托夫托伊已经得到了有关哈茨山地下工厂的情报，哈茨山大约位于法兰克福和柏林的正中间。他派詹姆斯·P. 哈米尔少校带领一个小组到这个工厂去，并指示他们迅速收集 V-2 部件，以"任何可能的办法"弄到安特卫普去海运。

出发那一天的早晨，哈米尔站在托夫托伊的办公桌前问道："先生，你有什么指示？"

托夫托伊说："哈米尔，就把你自己当成是接收这些零件，并且进行装配和发射的人吧，尽量不要打折扣。"他和托夫托伊都没有想到，几个月之后，他们确实会卷入到这项工作中去。

哈米尔少校得到这些零件颇费一番周折，而且富有戏剧性。当时美国控制下的哈茨地区，即将作为苏联军队占领区的一部分进行移交，位于诺德豪森的 V-2 地下工厂就在移交地区之中。因此，必须立即把所需要的东西弄到手并且运出来。显然，以后再也不能回来向俄国人要更多的零件了。

有一个连队进入卡塞尔，任务是从卡塞尔坦克工厂运出老虎坦克。另一个连队直接进入诺德豪森，完成运出 V-2 部件的任务。

这项任务是非正式的，复杂的情况随时可能发生。因为按照严格的《波茨坦协定》，总统同意不从德国搬出任何工厂。出于这个原因，不可能充分、有效地得到其他技术兵种的合作，如陆军的运输部队。结果，军械部队只好自己开火车！但是任务完成得很好，装配了一半的导弹及其所缺的零件，一起撤到了安特卫普。

把 V-2 零件从安特卫普运到新奥尔良，用了 16 艘万吨级货轮。然后再由铁路运到新的陆上试验场——新墨西哥州的怀特沙漠试验场。

佩内明德团队藏在奥伯拉梅尔高及其附近，当巴顿将军的第三军所属的第三装甲师和第四十四步兵师追到他们前面去时，托夫托伊的一个情报小组有一天向托夫托伊报告，他们遇到了负责德国火箭计划的几个高级科学家。这些科学家分成若干小组，分散在该地区的不同地点。情报人员相信，如果工作做得好，他们可以为同盟国获得大量使人感兴趣的情报。

托夫托伊和布劳恩见过面以后，建议把这一批实际设计和研制V-2的科学家带回美国，由科技人员进行审问。他感到，他们所能传授的知识，比任何战地情报组专门收集和录音的知识都要多。

欧洲胜利日以后，托夫托伊立即被召回美国，担任军械署长办公室研究发展局火箭处处长的新职务。这件事发生在美国刚决定从事导弹研究之后。在这之前，美国只发展和生产自由飞行火箭也就是无控火箭，如火箭筒和许多其他由弹丸推进的小型火箭。

由于托夫托伊在欧洲的经历，他被指定负责制订和执行美国陆军导弹计划。在加米施·帕滕基地，德国人和托夫托伊手下的战地审问者合作得很好。他意识到他们的知识很重要又很复杂，他向华盛顿建议，在这些德国人中挑选出 300 名，送到美国进一步审问。

欧洲胜利日后，托夫托伊调回美国。他最先采取的行动之一是查问他提出的把 300 名德国高级技术人员、工程师和科学家弄到美国的建议是否被采纳。

经过大力催促，建议得到国务院、商务部和陆军部的共同批准。总人数减少为 100 名，托夫托伊奉命回德国进行挑选。

他离开欧洲还不到 3 个星期又回到了欧洲，这一次在德国维岑豪森的一座拥挤的小学校舍里和布劳恩及其他主要的德国火箭科学家见面。关于他们在美国的前途，他们的遭遇会怎样，他们将待多久，他不能做任何许诺，但是他发现这些人非常热情。

主要的问题不是这些德国人想不想到美国去，要什么条件，而是他们的家属该怎么办。托夫托伊无权把这些家属带到美国去。

德国人指出，德国货币已不能用来为他们的家属提供生活必需品。实际上，在战争刚结束后的一个时期内，要在德国生存下去，就得用自己的劳动去换取燃料、食品和其他生活必需品。德国人表示，他们可以修理自行车和收音机、砍伐木材或做其他工作，以交换食物或燃料。

因此，他们感到，在当时物物交换的情况下，即使得到以德国货币支付的薪水，他们也不能把家属丢下。托夫托伊对这种境况的理解，对这些个人问题的热情关心，对被拖进这种困难处境的儿童的同情态度，给全体德国人留下了深刻的印象。

托夫托伊认为，唯一的解决办法是在欧洲建立一个家属营，他们的生活必需品将由美国政府保证供应，不是作为救济，而是作为他们工资的一部分。

他在乡村中踏勘，找到了三个可以作为家属营的地址。但是美国部队的将级司令官立即表明，他不能为德国文职人员建立家属营。但是托夫托伊坚持自己的意见，要求亲自向将军汇报情况。经过一番努力，他终于被允许简略地叙述这件事情的实际情况。

他要求把三个地点之一作为家属营，他自己特别喜欢的地点是以前德国骑兵的营房区。将级司令官听了有关火箭专家和他们对美国的潜在价值的情况介绍以后，同意了他的要求。于是在巴伐利亚的兰茨胡特建立了家属营。美国医生将对这些家属提供医疗照顾，美军后勤人员卖给他们必要的食物。

德国科学家和工程师们认为这是一个很好的解决办法,尽管他们以前曾经请求允许他们把家属带到美国去,甚至提出如果必要的话,他们可以和家属住在帐篷里。

托夫托伊在把原来 300 人的名单削减为 100 名时遇到了严重的困难。实际上几乎办不到,所以他最后折中一下定了 118 名。目的是要有一个具有充分综合性的团队,要头等人才:有创造性的设计师、科学家和那些不但能帮助装配和发射缴获的 V-2,而且能继续研制复杂武器系统的试验工程师。

从任何一方面看都很一般的人员,或者不具备高度的专门经验,将来会和美国现有人员产生竞争的人,他都避免带到美国去。换句话说,只有那些被认为是真正导弹专家的人,才有资格被选送美国。

终于来到美国

对当时的美国来说，火箭和导弹都代表着一个全新的领域，而且是一个高度复杂和极为困难的领域。

因为导弹在战争中曾经起过重要的作用，所以发展充分的军用导弹能力对于国家安全是必不可少的。

而且，由于导弹技术还是一门年轻的技术，一种新型导弹研制成功后，就会很快过时。一种新型导弹的设计、试验、生产和送往战场使用这一系列过程，几乎必须同时进行。这和正常的军械程序恰恰相反，因为新的装备总是要经过广泛的、旷日持久的试验，以确保在投产和发出使用之前做到绝对可靠。

美国军方马上支持发起一项火箭计划的设想，但起初他们对火箭的复杂性知道得很少。直到后来他们才知道：因为导弹在发射运行过程中，必须要经受极大的加速度，而且它把许多新的、未经试验的机械装置、材料和精密电子系统结合在一起，所以特别容易产生机械故障。

由于美国的武器系统发展计划也需要在此同时穿插进行，因而有必要建立大型的科学和工程机构，以协调许多有关的工业承包商的行动。陆军将求助于私人工业、学院和大学的研究部门，甚至还将求助于地方学院里获得奖学金的学生，让他们获得实际工作训练。托夫托伊将军的正式导弹计划将成为一项全国性的事业。

1945年7月，他去了一趟美国之后又回到欧洲。

当时远东的战事还没有结束。哈米尔少校志愿和一个步兵师到太平洋地区去，以取得更多的战斗经验。托夫托伊问明哈米尔的去向而后说："这样吧，哈米尔，要是你万一改变了主意，请拿着这张便条去见我的好友和同班同学范·西克尔上校。我在华盛顿有一项方兴未艾的火箭计划正在进行。"

哈米尔把便条放在口袋里，根本不想用它。他接到命令后，取道美国去了太平洋。他们起飞还不到半小时，飞行员就驾机飞回原地，并且宣布总统刚刚宣告，日本已经投降了。这一天是8月15日。

哈米尔马上把手伸进了口袋里，摸一摸那张便条还在不在。同一项正在进行的火箭计划打交道，看来要比到远东某地去帮助遣散部队更可取。在华盛顿，这张便条成了无价之宝，使他临时被分配去做托夫托伊原来要他做的工作，即在得克萨斯州布利斯堡建立火箭设施。

9月底，托夫托伊派他去波士顿的斯特朗堡。第一批7名德国人已于9月29日到达该地。他就在那儿第一次见到了布劳恩。他们在晚上很迟的时候才坐上火车离开了那个地方。

当时，布劳恩的肝炎病突然发作，断臂的伤口也还没有完全愈合。第二天早晨，火车在阿伯丁试验场停下来。在试验场，多数德国科学家的任务是整理和翻译大约40吨的缴获文件。

在这个戒备森严的工业区里，全国许多破坏性最大的武器和绝密军事装备正在研制和试验之中。

德国人的工作是帮助他们以前的敌人生产更好、威力更大的武器。

在各种秘密军事活动中，德国科学家实际上是在继续他们在佩内明德时就已经开始为希特勒进行的工作，但是总有一个美国大兵跟在身边。

他们在阿伯丁试验场的直接任务是处理纳粹军队崩溃之后，在哈茨山的矿坑中缴获的全部德国导弹文件。有这些专家帮助对40多吨文件进行分门别类、编制目录、评估和翻译，他们所节省的时间和金钱是不可能用工时和美元来计算的。

他们常常一眼就能看出一份文件是重要的还是无关紧要的。他们的速度之所以这样快，是因为他们正在整理的文件以前是他们自己亲手所写，或是他们帮助汇编的。

然而，布劳恩被带到了帕索，也就是布利斯堡。

在哈米尔的指挥下，陆军将在那里的一所附属医院里设立一个分办事处。哈米尔先把布劳恩带到华盛顿。他们在华盛顿待了差不多5天。在此期间，他们俩必须一起行动。

当时战争刚结束不久。但更重要的是，布劳恩和所有其他德国人来到美国的事情必须小心地加以保密。托夫托伊有理由担心，过早泄露这一消息会破坏他的整个计划。

在从华盛顿到圣路易斯的火车上，他们同在一个卧铺段，这使他们多少可以不与外人来往。但是在从圣路易斯到帕索的火车上，他们只能搞到车厢两端的铺位。火车开出圣路易斯时，已接近睡觉的时间，所以相对地说问题还比较简单。然而第二天问题就不小了。他们决定装成不是在一起旅行的，只是在吃午饭和早饭的时候在一起。

他们到帕索的时候，布利斯堡的司令官热烈欢迎他们。这时，布劳恩的肝炎已经严重恶化，他问第二天可不可以上医院去看病。

第二天他们去了，设立分办事处的问题也解决了。

因为一个德国人老是跟在身边，又不能介绍他的身份，或者告诉人们他为什么来到这里，这就使得哈米尔很难到处走动，去和基地的工程官、军需官以及其他人谈话。于是他把布劳恩交给基地医院的军医看管，自己就自由行动，建立和组织团队了。

有一天，托夫托伊从华盛顿坐飞机来，向医院询问布劳恩的健康情况，并和哈米尔讨论未来的计划。

午餐时间，这两位军官经过一个小小的炮台，该地区已被指定用于建设德国导弹团队的宿舍，但是哈米尔认为，这地方无论是大小还是设施的类型都不合用。他考虑到将来的发展，如研究工作的发展和把家属接到美国来等问题。

哈米尔向托夫托伊建议，他们一起到他知道的一个地方去看看，那地方在一个叫作莉莲牛排馆的小镇边上，离军方用地的边界不远。路上，他们经过威廉·博蒙特综合医院的附属医院，它离综合医院大约2000米。哈米尔说："这地方不错。你看，周围有一道防卫篱笆，所有的病房都连在一起，有自己的消防队，甚至还有一个游泳池。"

第二天，托夫托伊回到华盛顿，立即向五角大楼的军医局局长办公室汇报。他见到局长手下负责设备的人员，就开始鼓动关闭附属医院，理由是可怜的院长赖厄上校忙得都快要发疯了。此外，他需要用这个地方来执行一项头等重要的技术任务。

召开了一次会议，赖厄上校亲自在会上为托夫托伊作证。会议开得很活跃，托夫托伊得到了他所需要的附属医院，由总参谋部批准，移交给军械部，30天内进驻。

哈米尔一安排好实验室和办公室用的房间，德国人马上开始上班。这些所谓"文件夹计划"的科学家，也许受到了比有史以来的任何一批文职人员都更仔细的考察和更严密的监视，尤其是那些从事技术规划的科学家。

但是，哈米尔发现，管理这些人并没有多大困难。"他们不仅对美国完全忠诚，而且对军械部队也完全忠诚，"哈米尔说，"不怕自相矛盾，我也可以说，他们或许是我所见过的工作最勤奋的团队。"

有一次，托夫托伊要求哈米尔提出一份非常大型的火箭计划，他要在星期二提交给总参谋部。这个要求是星期一下达的。德国人星期一不分昼夜地干。第二天早晨6时30分飞机就要起飞的时候，一份十分详尽的计划的最后图样和规格交给了哈米尔，使他能亲自带到华盛顿去交给托夫托伊。

托夫托伊谈及这批科学家时也说："我从开始和他们谈判的时候起，从来没答应过他们我办不到的事情。他们成为美国公民所走过的道路是不平坦的，充满了扯皮、失望和尴尬，但是他们保持坚定的信心，也可以说，他们对自己的前途有充分的理解，而且满怀希望。为了取得公民资格，他们确实努力地进行工作。他们在每一个方面都表现出他们是优秀的美国人，而且是一宗社会财富。"

布利斯堡的附属医院很快成了一座令人非常满意的综合公寓。

不久，这些德国人作为陆军导弹界的真正成员，开始发挥了重要作用。他们如饥似渴地学习英语，建立各种团体，参加教堂、音乐和其他文化活动。

来自德国兰茨胡特家属营的消息表明，由于战争后期对德国人家庭的正常食物供应成了问题，许多家属实际上都缺乏维生素，或有其他营养问题。这种情况的依据是美国医生的报告。

布利斯堡的德国人，常常是在军事人员的监护下，才可以到帕索去逛商店。

他们每天的工资是6美元，剩余的薪水从战争赔款中以德国马克支付给兰茨胡特的家属。但是，国务院规定的条例中有一条，德国人不可以寄包裹回去。他们在杂货店和其他商店里可以看到大量的浓缩食物、糖果、肥皂、维生素和其他东西，但是他们不能购买这些东西。

陆军开始协商把家属接过来。

第一批家属于1946年12月到达，刚好赶上过圣诞节。此后陆续不断，直至1947年夏。当时，德国人及其家属住在临时改建过的医院里，病房变成了小公寓房间。也就在这个时候，布劳恩写信向表妹玛丽亚求婚，并且乘陆军的一艘船去德国结婚，随后把她带回美国来。

托夫托伊经常下去看望这些科学家们，大约每月一次或者六星期一次。他常常在一本记事簿上记下他们认为他可以帮助解决的细小问题。他们之间的关系有许多有趣的发展。同时，由于他和德国人见面多了，彼此之间也有了对话。

话题之一是放宽某些规定的问题。他向他们指出，从法律意义上说，他们处于军事拘留状态，但是他们毕竟不像战俘那样，被荷枪实弹的士兵押过来押过去。

布劳恩回答说："嗯，这倒也是，上校。然而实际上唯一的区别只是枪没有上子弹而已。"

托夫托伊认为这是布劳恩对他的绝妙回敬。其实，布劳恩当时往往开玩笑地把自己说成是和平俘虏。

不久，他们开始穿起了牛仔靴，戴上了宽边高顶帽，把自己看成是得克萨斯人。但是由于受到军事拘留，他们在美国没有正式地位。必须等到他们完全成为正式移民，才有指望取得公民资格，这在某些情况下得要 5 年之久。

美国开始了火箭研究工作

根据签订的《文件夹合同》，这些科学家当时的主要任务是：为陆军、海军、空军的承包商建立一个咨询中心；帮助发射 V-2，并为一项高层大气研究计划把仪器送上高空；研制一种新式试验导弹，即用 V-2 助推的超音速冲压喷气发动机飞行器等。

陆军一开始就考虑，新式导弹的射程要达到 1600 千米，或者更远。作为朝着这个方向迈出的一步，托夫托伊的计划包括对还在探讨中的 800 千米导弹进行初步研究。显然，必须有一个其试验区比以往所想象的要长得多的试验场。

为了取得有关飞行试验的技术数据，还必须设计并安装靶场仪表设备的复杂系统。因为把发射出去的导弹找回来进行研究十分重要，所以决定搞一个陆上试验区。于是批准在新墨西哥州沙漠地带建立怀特沙漠试验场，并开始了美国第一个大型的导弹计划——"V-2 计划"。

布劳恩和他的团队在军方其他部门的配合下，在美国土地上开始了卓有成效的火箭研究工作，这离他的太空梦想又近了一步。

1946 年 12 月 17 日 V-2 火箭创造了单级火箭的速度和高度纪录，

速度为每小时 5800 千米，高度是 180 多千米。

1947 年 1 月 23 日，在一次 V-2 飞行试验中，一种非常先进的新型遥测系统运转成功，证明有可能把整个火箭系统及其科学仪器组件的 50 多种不同性能数据，从飞行中的火箭上发射回地面记录站。

1947 年 10 月 9 日，当一枚 V-2 以每小时 5500 千米的速度飞行时，怀特沙漠的工程师们首次从超音速飞行中获得了用仪器精确测得的热传导数据。

1948 年 2 月 6 日，无线电指令控制系统对一枚 V-2 进行控制，它标志着美国首次在地面上用无线电对一个正在飞行的、以火箭为动力的大型飞行器进行控制。

与此同时，作为陆军火箭研究计划的一部分，由加利福尼亚理工学院和军械部队合作研制的首批"完全美国造"导弹发射成功。1947 年 1 月，陆军军械人员第一次成功地用降落伞把一枚这样的火箭从 60 千米的高度降下来。这次试验十分成功，几乎所有的部件，包括精密的无线电设备都打捞起来了。

而这种导弹比 V-2 小得多，装满燃料时重量才 300 千克，最高速度每小时大约 4500 千米。

1949 年 2 月 24 日，陆军军械署把 V-2 和这种火箭结合起来，制造出一枚绰号"庞然大物"的二级火箭，达到当时人造物体到达的最大高度。这枚导弹到达飞行最高点时离地 400 多千米，实际上已在地球大气层之外了，最高速度每小时超过 8000 千米。

"庞然大物" 6 分半钟达到创纪录高度，于发射 12 分钟后着陆。它带有一台特殊无线电设备，向地面记录站发射有关它在飞行中遇到的各种情况的技术资料。无线电设备在这样的极端高度操作，这还是头一次。用这种方式获得资料，为在以前从未探测过的高空区域获得科学知识提供了一种方法。

用最严格的标准来衡量，V-2 飞行的成功率是 68%。当然，被列为不成功的许多导弹，从实验的观点看还是极其有用的。例如，有一枚 V-2 因为操纵系统工作不正常被认为是失败。但是这枚导弹达到 110 千米的高度，在上面进行的实验结果很好。

V-2 计划的全面成果，不能完全用分析百分比数字和成功不成功的次数来衡量，而应该看到 V-2 是世界上最早的大型导弹，它对导弹技术和宇宙飞行所做出的贡献是巨大的。

此后，在 V-2 计划的基础上陆续开发了"庞然大物式"、"普什奥弗式"、"布洛森式"和"桑迪式"火箭。在"普什奥弗式"的飞行中，有意让一枚装满燃料的 V-2 爆炸，以确定它从舰上发射以后回降时的效应。在"布洛森式"的飞行中，7 枚 V-2 火箭经过大幅度改装，并且装载着可用降落伞回收的许多大型仪器箱。

"桑迪计划"是从"中途岛号"航空母舰甲板上发射 V-2 的密码名称。"桑迪式"虽然有一阵子叫人担心，但总的说来是成功的。"桑迪式"首次证明，可以从海洋舰艇上发射大型火箭。

虽然陆军在研制火箭方面取得了不少成绩，但是真正朝着经费充足的特大型导弹计划前进却花了很长时间。怀特沙漠的 V-2 发射越来越成了家常便饭，于是托夫托伊要求布劳恩和他的德国团队开始研制一种新火箭。

但是要研究像高级的 V-2 那样的东西，当时的经费是完全不够的，而且也没有研制高级发动机用的火箭发动机试验台。战争刚结束的这些年头，军事武器计划处于退潮时期。没有人对新武器感兴趣，本钱不够而光有"想干大事"的想法是没用的。

那时对消费品的需求很大，为了利用现有的有限资源做一些有用的工作，华盛顿和布利斯堡团队共同决定：研制一种小型超音速冲压喷气发动机实验用飞行器，用一枚稍加改装的 V-2 就可以使它达到初速和高度。

他们在布利斯堡附属医院旁边建起一个基础试制车间。当时，附属医院一直是布劳恩团队的住所兼工作场所。

因为通用电气公司根据赫姆斯导弹合同来负责该车间的活动，所以布劳恩的实验所用冲压喷气发动机飞行器被命名为"赫姆斯2 号"。

一直以来，布劳恩和他的团队还是习惯于佩内明德充足的试验设备。现在预算很少，设备是临时凑合的，但是他们还是以惊人的才能把工作做好。

两辆旧拖车被改装成扩散器和燃烧试验台。空气由陆军富余的一组机动压气机供应。为了在更有代表性的飞行高度条件下进行试验，他们硬是把整个设备拖到内华达山脉的一条山路上去，在海拔3000 米，大气压力减少的情况下进行试车。

至 1949 年，军械署在火箭和导弹方面显然需要一个现场管理机构。计划进展顺利，可是有关指导则出自五角大楼的托夫托伊办公室。导弹部队已经有了很大发展，托夫托伊觉得必须分散管理权，建立一个类似研制大炮、坦克和自动军械装备的兵工厂。

1949 年 8 月 1 日，布利斯堡将级司令官明确地对托夫托伊说，他想在布利斯堡军用基地建设附加设施的计划不可能得到总部的批准。布利斯堡的防空导弹训练工作负担增加，使他不能把以前答应过的土地给托夫托伊。帕索国际机场的跑道延长，加上毗邻的比格斯机场被宣布为战略空军指挥部的基地，更使得朝任何方向扩展都成为不可能。

因此，1949 年 8 月 14 日，托夫托伊专程到亚拉巴马州的亨茨维尔去看看雷德斯通兵工厂是个什么样子。第二天，托夫托伊察看了一下，认为完全不适于开展他的工作。然而有人建议他顺便去看一看毗邻的亨茨维尔兵工厂。这是工兵部队正要拍卖的一家化学工厂。结果他发现，无论是对目前的工作还是计划中的工作，这个地方都很理想。

次日，托夫托伊动身去华盛顿，向五角大楼的高级军官汇报了这个情况。托夫托伊找总参谋部和总参谋长办公室磋商，希望立即批准军械署把全部设施买过来，理由是：为了进行必要的野外试验，导弹需要大大扩大场地的一天很快就要到来了。

托夫托伊自己认为，他已经把导弹武器的军事用途阐述得一清二楚了，果实已在树上，很快就要成熟。但是，军械署的第一份请求报告通过某些渠道送到陆军部长戈登·格雷那里以后，转回来时，上面写的是托夫托伊生平所曾接到的最简短的批语，这个批语只有 4个字："绝对不行。"

在这个时候搞发展，是和陆军部长的方针抵触的。换句话说，托夫托伊面临着战后削减军费的潮流。他装傻，装作对批语不理解，他故意把"绝对"理解成"可能"，继续为他的计划开展工作。

军械署长埃弗雷特·休斯少将带他到总参谋长办公室。五角大楼里反映亨茨维尔和雷德斯通两个兵工厂地区的唯一的一张地图是巨幅的，托夫托伊身边有胶带，想把地图贴在总参谋长办公室的墙上。但是，他发现墙上没有一个合适的地方，只好在总参谋长大办公室的地毯上把地图铺开。

在谈话时，他必须指出什么地区派什么用场，但又没有一根够长的指示棍，所以只好在地板上绕着地图爬来爬去。最后，他在副总参谋长马修·李奇微将军面前站起来——劳顿·柯林所将军在紧要关头不能参加，李奇微要为他做出决定。托夫托伊对李奇微将军笑着说："无论是在实际意义上还是在象征意义上，我真的是跪在地上向你乞讨这个地方。还有什么问题吗?"

他得到了亨茨维尔兵工厂，并把它和老雷德斯通兵工厂结合起来。这一新的联合设施——雷德斯通兵工厂，从此以后将成为军械署在火箭和导弹方面一切活动的热闹中心，以及美国陆军军用导弹指挥部的所在地。也有信息给他，可以动手研制"红石"火箭了。

1950 年 4 月，新的陆军导弹中心主任托马斯·哈米尔少校向雷德斯通的新任指挥官托马斯·文森特准将报到。他们立即为将布劳恩团队调到亚拉巴马做准备。

一个新的时代就要开始了。当时还没有人意识到这一点，但是乔治·马歇尔航天中心以及种种宏图大业的基础已经奠定……

从 1946 年初至 1951 年 7 月 1 日，制作和发射 V-2 的实际工作是通过布劳恩团队、陆军军械署导弹技术人员、驻扎在布利斯堡的第一导弹营官兵和通用电气公司的密切合作在怀特沙漠试验场完成的。在 6 年里，美国陆军试验发射了 70 枚 V-2 火箭。

1951 年 7 月，通用电气公司把全部 V-2 材料移交给陆军军械部队，由该部队负起完成 V-2 计划的责任。8 月，陆军成功地进行了 9 次 V-2 推进装置的试车台试验，发射了 5 枚高空研究导弹，其中有一枚上升到 210 多千米的高度。

对于美国来说，"V-2 计划"极为重要，因为没过几年，美国的"导弹工业"就随着 V-2 计划发展起来了，这一计划为美国未来的一切火箭成就奠定了基础。

辉煌的航天憧憬

虽然布劳恩具有勇敢精神，也就是一切探索新领域的人所固有的冒险天性，但他对他所接受的传统和科学训练是忠实的。他在冒险尝试之前，做了尽可能多的调查。

1952 年，他在一个航天旅行专题讨论会上说："立即着手设计和建造巨大的载人火箭飞船，并试图把它射入'目的轨道'是绝对愚蠢的。这种尝试百分之百要以彻底失败而告终。"

布劳恩说："我们所需要的是按部就班、稳步前进的研究方法，这是和把人送入空间的最终目标相适应的。需要有一个研究计划，研究这个问题的一切方面，包括该计划的军事应用和科学应用。

"最初的研究阶段，其范围是不嫌广泛的。它应该包括：对研制火箭动力装置所需要的试验设备进行调查，推进剂的制造、装运和储存所包含的后勤问题；制导和通信设想；宇航员及其装备的教练设备和模拟器；甚至某些部件标准化的可能性。"

他不准备过多地依赖纯粹的军事研制。他说："毫无疑义，导弹技术和航空方面的军事研究将对宇宙飞行的发展做出巨大贡献，但是最后征服空间的任务太大了，不可能只是另一项工作的副产品。"

当时使布劳恩伤脑筋的问题是人本身，他知道，如果没有人进行观察、连贯思考、报告、在紧急情况下采取行动，那么不管仪器装备多好，自动的不载人飞行器丰富人类对周围空间的认识总是有一定限度的。

尽管人有适应性，有大脑，但是在考虑航天飞行时仍然是一个现实的问题，因为人必须呼吸，必须有氧气，而在宇宙空间却一点氧气也没有。为了能活下去，他就得吃。既然得吃，就得有处理排泄物的方法。他的身体要受到一些可能是有害的影响，如辐射、长时间失重、动力飞行期间的高加速度、过分的阳光或黑暗、热、冷和脱水等。

最重要的问题可能是：人是有思想能力的。由于与世隔绝、失重、缺乏与他人交往而与另一些东西则结合太紧，在长时间里没有足够的体力活动，他的思想可能会和他开一些危险的玩笑。

所有这些领域的研究，必须和飞行器的研制同时进行。这需要生物学家、生理学家和心理学家进行多年的努力。几乎没有一个自然科学领域是可以完全置之不理的。

收集了足够的初步资料以后，布劳恩认为这一工作是国际性的，至少应包括对民主国家友好的国家，利用各国可供利用的最优秀大脑和最广泛才能，下一步将是装有仪器的不载人卫星，也许可以住进几只猴子。这种卫星能用遥测发射器把重要情报发送到地面上。只有在这之后，才能实现渴望已久的目标——永久性载人航天站。

在这个航天站上，可以进行进一步的研究。有些是对下面的地球马上有直接好处的，如气象观测和安全监视；有些则具有更广泛的含义，如人第一次在没有地球大气阻挡的情况下清楚地观察月球、附近的行星和其他星球，对长时间失重效应进行直接观测，测量太阳辐射和宇宙辐射，进行生物实验等。

这种航天站本身就不是一项寻常的任务。1952年3月22日，布劳恩在《柯里尔》杂志上发表一篇文章，估计要创造出建立这种航天站所需的技术，可能得做10年的不懈努力，花费大约40亿美元。实际上，早在10年前，也就是在佩内明德的战争年代，他就已经把载人航天站的蓝图准备好了。

为把航天站一件一件地运到轨道上去，他设想了一种巨大的火箭：起飞时的重量大约7000吨，相当于一艘轻型驱逐舰的重量，竖立起来有80米高，底部直径20米。它有三级，装载乘员和有效载荷的"头部"，或者叫最后一级，可以带90吨推进剂和26吨货物。

布劳恩所想象的航天站是一个轮状的庞然大物，直径大约80米，可以用各种不同的方法制造。他描绘出一种设计方案，大约由20个部分组成，材料是柔韧的尼龙和塑料纤维。

每一个部分都是一个独立的舱，折叠起来运到轨道上去。装配之后，整个轮子像一个内胎一样充气，在里面提供可以呼吸的大气。在这20个部分之间，有和潜艇上相似的安全分隔密封门。

充气的程度比正常大气压略低，这不仅可以给样子像个大"汽车轮胎"的航天站提供维持生命的大气，而且能使这个结构具有必需的刚度。当然，因为乘员的肺会把空气用光，所以空气必须循环，要补充氧气，而二氧化碳必须用化学过滤管去掉。

他认为这种航天站一旦建成，几乎可以做到自给自足。例如，动力可以从巨轮顶上一面磨光的镜子取得。镜子利用阳光把水银加热成蒸汽，推动涡轮和发电机，从而产生电力，带动泵，并完成其他工作。镜子背阳的一面可以作为消散凝聚热所需的辐射冷凝器。

在轮状的主外壳外面，用双端螺栓固定上一层缓冲壁或外壳，以承受微陨石的撞击。如果需要热，可以用一个漆成黑色的区域吸收阳光来供应，这个区域只要打开软百叶窗帘就可以照到阳光。

窗户必须防止辐射，并应随时随地可以关闭。

在布劳恩1952年的设想中，为了节约，他很关心最初几级火箭的回收和复用问题。复杂的第一级和第二级火箭的回收问题也考虑到了。

此外，飞船上的乘员组也必须经常轮换。必须定期给航天站供应某些日用品，如氧气、食物、科学材料和摄影底片。因此，要维持一个永久的住人航天站，就像在南极洲建立一个前哨基地一样，必须有一个后勤运输系统作为后盾。

他还附带考虑到，附近以同样速度绕轨道运行的航天站之间的往来，可以用微型的西瓜状"空间出租汽车"来解决。

这种汽车以小型火箭发动机为动力，并且增压，人可以不穿航天服坐在里面。

为了说明花费如此惊人的时间、金钱和精力所取得的实际应用价值，他说了这样一段话：

> 还将有一个航天观象台，这是一个小型结构，和主要航天站有一定距离。里面放一台带摄影机、分光镜和其他仪器的天文望远镜。这个观象台不载人，技术人员或从外面给摄影机装卸胶卷，或用电视把图像发送给主要航天站。
>
> 这台望远镜将主要用于研究宇宙的外层区域。对宇宙的这种测绘将得到在地球上所无法企及的成果。但是这台带有摄影机的望远镜也可以转动，拍摄下面的地球。
>
> 从航天站上，整个地球都可以观察得到，一个时候看

不到的，另一个时候也可以看到。在 24 小时之内，至少可以对地球上的每一点观察并摄影一次。

最后，连接燃料管道和导线系统以后，我们可以在这整个结构顶上放一个球形乘务舱。乘务舱在地面上预先配备好空气、水再生系统，以及必要的导航、制导和通信设备。

结果，这个飞行器看起来可能很古怪，但是完全可以从这个航天站出发，用大约 5 天时间，完成一次绕月旅行，并回到航天站来。

布劳恩既是一个科学家，又是一个经历过战事、讲究实际的人。这种航天站还有一种用途是他所不能忽视的，虽然后来的想象使他感到害怕，他讲出了这种可能性之后也从来没有去发展这种设想。

他在 1952 年的文章中写道："这种航天站可以改装成一种极其有效的原子弹运载工具。可以从航天站里发射带原子弹头的小型导弹，并进行制导，使它们以超音速打击地面目标。

"由于航天站有通过地球上一切有人居住地区上空的能力，所以这种轰炸技术将为卫星制造者们提供军事史上最重要的战术和战略优势。而且，航天站上的观察人员有充分的时间，可以发现敌人发射对准航天站的火箭的企图，从而有可能在火箭还没有打到他们之前，就用反导弹导弹把它摧毁。"

布劳恩对如何从航天站回到地球上来，以及训练动物代替人先进行航天试验等做了详细的描述。

布劳恩在 20 世纪 50 年代初就在杂志文章中提出了这些基本设想。20 年后，这些设想在天空实验室航天站上变成了现实；1981

年，第一架载人航天飞机也终于出现在太空舞台。

1984 年首度升天的"发现号"创造了执行 39 次太空任务，飞行 2.37 亿千米，绕地球轨道 5830 圈，在太空停留 365 天的最高纪录。2011 年 3 月 7 日，"发现号"航天飞机脱离国际空间站，9 日在肯尼迪航天中心安全着陆，结束了近 27 年的飞行。

时间要跟上布劳恩的步伐从来都是困难的……

因为布劳恩在《柯里尔》杂志上发表了惊人的见解，美国公众把他当做"航天英雄"，也有人认为他是"航天怪人"。许多人认为，他的轮状航天站是一个完整的蓝图式建议，美国政府可以立即采纳。

另外一些人在这种设想面前畏缩不前，认为整个计划很不现实，过分异想天开。甚至美国和外国的火箭工程师，乃至某些布劳恩团队里的人，也认为他太狂热了。

还有一些人，特别是对布劳恩很了解的那些人，认为航天站代表着一种富有挑战性的基本原理研究，应该对宇宙飞行问题开展热烈的公开辩论。但是热闹了一阵子以后，公开辩论又无声无息了。

布劳恩还对跟踪站和遥测站的组织也做了详细的陈述，并附有详尽图样，几乎和今天的完全一样。

"在地球表面的据点上设立 20 个或者更多的接收站，"布劳恩说，"大部分接收站设在载重拖车上。卫星从天上经过时，接收站用雷达进行跟踪，并用胶卷和磁带把电视广播和遥测广播记录下来。因为卫星的无线电波是直线传播的，所以拖车每次能收到广播的时间只有几分钟，只有当卫星在直接视线范围之内时才能收到。

"卫星飞出视线范围以后，即把记录资料送到美国的一个中心站，有些用无线电传送，其余的空运。中心站逐日对情报进行评估和综合。在北极圈和南极圈内，在赤道附近各点，都要建立监测站。在北极地区可在阿拉斯加、南格陵兰岛和冰岛设站。南极地区则设在坎贝尔岛和南乔治亚岛。在太平洋上，可供选择的地点是贝克岛、圣诞岛、夏威夷和加拉帕戈斯群岛。

"其他的监测站可以设在波多黎各、百慕大、圣赫勒拿岛、利比里亚、西南非洲、埃塞俄比亚、马尔代夫群岛、马来半岛、菲律宾、新西兰和澳大利亚。这些点全都在友好国家，构成全球性的链条，每天至少可以收到一次卫星广播。

"监测站是相当花钱的，但是今后准备发射第一批由人操纵的火箭飞船和载人卫星时，它们随时可供利用。"

他在1953年就认为，如果能全力以赴的话，5年内就可以发射这样一颗小型卫星。10年内可以造出载人航天站，并且操纵它。

布劳恩提出有关轮状卫星、小型航天站、月球飞船、宇航员训练或火星飞船的迷人建议，需要大量资料，必须进行大量的研究工作。他总是利用业余时间来完成这些工作。

他的正式工作时间必须全部用于研究"红石"远程火箭武器。在许多场合，他的一些同事，如恩斯特·施图林格博士，全帮他进行计算和其他的理论研究。为《柯里尔》杂志写文章，提出航天设想，需要进行极其大量的研究工作，但在当时，这种努力是看不出会有什么报偿的。

布劳恩坚信，要不断增强公众对宇宙航行问题性质的理解，要使公众认识人类在这个领域里有巨大的发展前景，提出这些建议是最有效的方法。

五角大楼的人往往认为这些建议只是科学幻想小说。尽管遭到非难，他还是继续传播他的预言，慢慢地就有一批人相信他了。

但美国政府对此却并不热心，每当专家们开始详细阐述从这样一项计划中所能得到的东西，诸如更准确的天气预报、土地和水力资源调查、导航、航空摄影术、海洋学、鱼类及野生动物管理、无线电和电视通信等，艾森豪威尔总统总是模棱两可地敷衍。

难道宇宙飞行是一种神话般的冒险，严肃的政府官员都不想介入吗？为什么要到宇宙空间去呢？为什么要把人造卫星发射到空间去进行谁也无法预料其结果的无把握试验呢？布劳恩对此都做了回答。

他竭力想让政府相信，空间探测将把世界各国连成一体，联合解决共同的问题。但艾森豪威尔统治集团的许多高级官员认为这是废话。

在亨茨维尔的新贡献

1950 年初，在火箭研究人员还未进驻亚拉巴马州田纳西河畔的亨茨维尔小县城之前，这里的人经常炫耀它是世界的水芥菜之都，是美国参议员约翰·斯帕克曼的故乡。

很久以来，这座小城以它传统的县府大楼广场和南部联邦纪念碑为中心，舒舒服服地蜷伏着，毫无生气。只有每逢星期六，周围农村的棉农涌进城来大采购时才热闹一阵子。

棉花主宰全城的福利，如果棉桃臭虫成灾，生意也就跟着不好。在一个半世纪中，亨茨维尔人口从起初的 1000 人逐渐增加至 16000 人，每年的增长只有 100 人。

第二次世界大战开始时，陆军军械部队和化学兵部队沿着田纳西河大河湾买下了一片 160 平方千米的土地，开始制造毒气和军火弹药。雷德斯通和亨茨维尔这两个兵工厂刺激了垂死的地方经济，至 1944 年，大约有 20000 名工人在这里工作。

可是到了 1945 年下半年，第二次世界大战结束了，兵工厂也随之关闭。兵工厂建筑物周围静悄悄的，长满了各种野草。在荒废的街道上，小孩子们毫无顾忌地在坑坑洼洼里做泥饼玩。

1950 年 3 月，在亨茨维尔长大的美国参议员斯帕克曼打电话来说，一个名叫霍尔格·托夫托伊的陆军上校将要带来一批德国科学家。这批科学家在第二次世界大战行将结束时被迅速送往美国，在得克萨斯州和新墨西哥州继续进行他们的试验。这种试验曾经产生出历史性的 V-2 火箭，在第二次世界大战的最后几个月中几乎为希特勒扭转了战局……

在亨茨维尔，当时人们并不认为导弹很重要，而且他们认为，那些德国科学家和美国军械专家在城里也花不了多少钱，对亨茨维尔能有多大帮助呢！

此外，一个市民还说："我们的孩子们最后一次见到德国人的时候，德国人还在向他们开枪呢！"

1950 年下半年的一天，满载设备和人员的军车队开进了亨茨维尔。坐在车里的布劳恩和其他德国科学家及其家属此时的心情不错，他们一边看着车窗外好奇地盯着他们的当地人，一边有些兴奋地交谈着。

一年前，还住在布利斯堡的附属医院时，这些德国科学家和家属们就取得了正式侨民身份，并且已经适应了美国的生活。现在，他们成为美国公民的可能性很大，他们渴望在北亚拉巴马的这片红土地上建立新的家园。

没过多久，亨茨维尔市民在夜间就经常可以看到，远处雷德斯通兵工厂的山上，经常火花飞溅；窗户被震得"咯咯"作响，虽然当地居民不知道这是在做火箭静态试验，但觉得这一切都给小城的日常活动增添了些生气。

1951 年 2 月，布劳恩受命领导德国和美国的科学家执行"红石"计划，即研制美国历史上第一枚中程导弹——战术性的"红石"导弹，射程为 320 千米，要求具备更精准的制导功能。

这个被军方列为重要工程的项目，在布劳恩的领导下得以全力以赴地开展起来，工程之庞大和复杂性也随之显现出来。

从这个时候起，布劳恩团队提出了完善实用武器系统的改进设计，许多制导和控制部件的设计工程也同时展开。后来证明这种工作是极其重要的。

研究室的试验表明，空气轴承陀螺仪可以更快地使整个系统达到高度准确和稳定，于是这个团队就集中精力研制空气轴承系统。

1952 年秋，一个完整的弹道导弹惯性导航系统已经投入使用。该系统由一个带有空气轴承陀螺仪的稳定制导平台、空气轴承加速表等组成。这种制导平台的高级型号后来被应用到"丘比特"导弹和"潘兴"导弹上，甚至还应用到"土星 5 号"月球火箭上。这种制导平台和加速表的精确度极高，对导弹的总命中精度起着决定性的作用。

以前，在火箭中需要大量的电子管，不但体积大，增加了不必要的重量，性能也不稳定。1954 年，一种新颖的当时还很少人知道的装置即晶体管放大器，被他们研制出来，安装在"红石"火箭自动程序装置中进行首次飞行，获得圆满成功，火箭的可靠性大大提高。把晶体管装在火箭里飞行，这也许还是头一次。今天，任何一枚大型战术火箭或者航天火箭都包含成百上千，甚至成千上万个晶体管。

1954 年 6 月，正在加紧研制"红石"火箭的布劳恩受邀到华盛顿参加美国卫星研讨会。在这次会议上，布劳恩满怀信心地表示，只要把红石火箭稍做改动，就能把一颗 2000 克重的卫星送入轨道。

雷德斯通兵工厂研究结果表明，他们已经解决了有关的技术问题。9月2日布劳恩在给朋友的信中写道：

> 我们的技术研究，包括能见度问题和跟踪问题，已取
> 得良好进展。我认为，我们现在可以说，从技术上看，该
> 计划的一切方面都是可以实现的。有效载荷可以从2000克
> 增加到6000克。

9月下旬，布劳恩写道："我们对整个计划进行了更深入的调
查，看起来一切都比以往任何时候更可靠。"

在年底的另一次讨论轨道飞行器的会议上，布劳恩说："在不妨
碍兵工厂正常生产运转的情况下，从1956年8月起一至两个月内可
以陆续提供4枚人造卫星运载火箭。"

但是，布劳恩的建议并没有受到足够重视，而在陆军和海军对
卫星项目的争夺中，海军最终获胜，布劳恩得到正式通知，让他把
卫星项目彻底忘掉。而布劳恩并没听话，他一方面继续全力进行
"红石"火箭的研制工作，一方面继续运载火箭的研究。

1955年，"红石"火箭研制成功并投入生产。

佩内明德的总建筑师汉内斯·吕尔森现在成了火箭中心的设备
计划处主任。他设计了一个公路干线系统，绕道旧城，以减轻交通
拥挤，获得了圆满成功。

火箭团队中较年轻的成员瓦尔特·维斯曼是一位管理专家，因
为参加社会活动认真负责，甚至在他还没有领到公民身份证之前，
他就当选为亨茨维尔初级商会董事长。他还曾经当过州初级商会组
织的主席、亨茨维尔社团联合会总主席和亨茨维尔市民委员会副
主席。

1955 年 4 月 15 日是亨茨维尔城及其德国新居民的喜庆日子。这一天，在亨茨维尔中学礼堂举行隆重仪式，宣布布劳恩和其他一共 40 名德国人及其妻子儿女成为美国公民。除了特奥多尔·布赫霍尔德教授、瓦尔特·施维德茨基博士和阿道夫·蒂尔博士与美国公民结婚，成了"战时新郎"以外，他们是第一批得到美国国籍的科学家。

　　布劳恩说，这是"我一生中最引以为自豪和最有意义的日子之一，几乎和结婚一样，非常非常快乐"。

研制"丘比特"导弹

1955年11月份，布劳恩的团队又接手了一项名为"丘比特"计划的项目。

这种导弹推力更大，射程更远；可以在舰上甚至潜艇上发射；还可以改成多级火箭，对今后的航天事业具有重大意义。

早在第二次世界大战结束前后，美国海军就看过有关火箭水下试验的技术报告和影片，但是并没有给予足够的重视。直至他们得知，苏联人可能已经拥有能从水下发射火箭的潜艇时，海军最高将领们有些坐不住了，他们要落实这种消息的可靠性。于是，美国海军代表与布劳恩等火箭专家在雷德斯通兵工厂举行了一系列会议。

在第二次世界大战期间参加过类似研究工作的布劳恩指出，用远洋船只，甚至用潜艇来发射中程弹道导弹是可行的，这么肯定的态度让海军代表既惊讶又有些怀疑。

在海军部又和布劳恩举行了多次技术性会议后，他们很快就信服了，终于决定和陆军一道，在布劳恩的技术指导下，联合执行"丘比特"计划。

国防部把"丘比特"确定为陆军中程弹道导弹2号。陆军部长布鲁克于11月中旬宣布，"丘比特"计划已确定为全国最优先的重点项目，并成立了一个陆海军联合委员会，宣布海军介入这项计划，水兵们很希望未来能有像他们说的那样的武器。

当丘比特计划开始实施后不久，陆军研究机构发生了重大的变动。1956年2月1日，布劳恩被任命为雷德斯通兵工厂导弹发展处陆军弹道导弹局技术负责人。

这个新机构的任务将包括大型液体燃料火箭的研究和试制、元件装配、样品生产、静态试验和发射、后勤保证和野外维修问题及供应地面支援设备。

该局全部设施投资4300万美元，占地面积90000平方米。还包括在这领域中具有丰富经验的原来导弹发展科的1600名工作人员，其中包括500名科学家和工程师。

这些都为"丘比特"火箭研制提供了源源不断的动力。

随着联合的"丘比特"计划的进展，海军渐渐明白，这种新的武器系统要比原来计划的复杂得多。由于船的左右摇晃，前后颠簸，起伏和倾斜，在船上安装导弹的惯性制导系统十分困难。

后来发现，由于对波浪缺乏控制，以及无法防备敌人的潜艇，船长不能进入预定发射位置，并把船停在那里进行实际发射，情况就变得更糟了。

结果，陆军弹道导弹局和特种工程小组的制导专家们制订了一个非常复杂的计划，使船长在发射阶段有充分的行动自由，而且采取措施，把舰艇的航向、速度和位移的修正项，从精确的理论发射点输送入导弹制导系统。

但是，更加复杂的是"丘比特"导弹和舰艇之间的机械接合问题。

大型火箭必须在"航海者"级船里加注推进剂，而且还得用机械手段在甲板上把它竖起来进行发射。在船上使用液氧，使加注燃料的操作更加复杂化。为舰艇设计了非常复杂的液氧转移设备和泄放设备，这样就需要大量的安全操作程序。

像"航海者"级这样的船只，硬度低，货船型，所有这一切都是可以接受的，但是很显然，对于一艘核潜艇来说，如果要在水下加注燃料，或者甚至进行发射，那是根本办不到的。液体推进剂导弹可能发生推进剂爆炸、毒气及其他类似危险，这些都是不容忽视的。

固体推进剂制造商们使海军相信，他们在固体推进剂方面大有进展，他们已经能制造中程弹道导弹了。于是，海军就重新审查计划，最后决定放弃使用液体燃料的"丘比特"计划。

海军认为固体推进剂潜艇弹道导弹不需要危险的加注设备，最重要的是，使用固体推进剂中程弹道导弹可以使海军完全跳过过渡性的水上舰艇试验阶段，立即把有限的财力集中在最终目标上，即拥有以核潜艇为基地的中程弹道导弹，最终拥有洲际弹道导弹。

因此，海军与陆军分道扬镳，并于1957年1月，独自地进入核潜艇发射弹道导弹领域。而陆军方面的布劳恩团队则继续进行"丘比特"导弹的研制工作。

1957年初，"丘比特"导弹进行了首次试飞，但因尾部电路周围产生意外高温而中途失败。只要在导弹的底部装上更有效的防热装置，这个问题就可以迅速解决。

第二次试飞也没有取得完全成功，因为液体燃料的晃动对导弹的稳定性产生了不利的影响。虽然曾经预料到会有某种晃动影响，但是它的强烈冲击比预期的要大得多。布劳恩迅速制定了一个日夜赶工的方案来解决这个问题。

1957年5月31日，"丘比特"飞行第一次获得圆满成功。早些时候导弹的弹头在重返大气层时过热的问题也因为采用纤维玻璃技术得以解决。这样，"丘比特"导弹便很有希望成为美国第一枚作战用的中程弹道导弹。

9月，一个比例为1/3的"丘比特"头锥模型在一枚"丘比特"-C的试验性三级"红石"火箭上成功地飞行了2100千米。降落伞在大西洋上回收以后，对这个头锥进行了仔细研究，证明纤维玻璃技术是可行的，是安全可靠的。

11月，艾森豪威尔总统在他举行的记者招待会上，展示了这个按比例缩小的头锥，同时宣布，中程弹道导弹的重返大气层问题已经成功地解决了。

在卫星项目上输给海军之后，有个一直支持布劳恩团队的人，他就是国防部卫星计划可行性研究委员会主席、加利福尼亚理工学院杰出的物理学教授、喷气推进实验室科学顾问霍默·斯图尔特博士。

在丘比特火箭研制末期，斯图尔特、喷气推进实验室的威廉·皮克林博士和杰克·弗罗利克博士一起飞往雷德斯通兵工厂，看有什么办法可以挽救布劳恩他们的计划。他们开了一个会，和布劳恩共同制订了一个名为"防鱼雷"的行动计划，继续轨道飞行器的研究。

这时，布劳恩正好借用"丘比特"单程导弹计划的名义，获得了批准，搞到了经费，来建造12枚"丘比特"-C，作为"丘比特"头锥重返大气层试验火箭。

"丘比特"-C是完全按照头部可携带地球卫星的火箭的样子建

造的，第一枚"丘比特"-C试射时以每小时25700千米的速度飞行5300多千米，比美国以前的任何导弹都要远，都要快，这标志着美国已经具有了发射小型卫星的能力。

过了不久，国防部长查尔斯·威尔逊宣布了他那著名的"任务和使命"的指示，明确要求"陆军要继续发展地对地导弹，这种武器的设计准则的射程限制应为320千米左右"。这表示陆军不能再搞中远程弹道导弹，这个指示等于要了陆军导弹研究的命。

这一道命令就像陆军的一枚导弹掉下来发生了剧烈爆炸似的，引起了震惊和混乱。陆军弹道导弹局的设计、管理和生产人员，有的摇头表示迷惑不解，有的说，"简直是狗屁不通……"

一个显而易见的问题是：花了大约两亿美元研制的丘比特导弹就白白地扔在那里吗？已经拥有能够发射卫星的大型运载火箭的陆军弹道导弹局，现在被要求只能搞短程导弹，这岂不是滑稽?!

布劳恩的好友、陆军弹道导弹局的优秀成员小约翰·尼克森上校愤怒不已，他写了一份备忘录，揭露了参谋长联席会议主席亚瑟·雷德福海军上将的幕后活动，以及空军想把陆军踢出导弹研究行列的明显意图，对某些军方高官为了自己军种和承包商的利益，置国家利益于不顾的行为进行了猛烈抨击。尼尔森把这份备忘录分别给了朋友、一些私人承包商、国会议员以及几个报刊专栏作家。

被惹恼的军队高官把尼尔森送上了军事法庭。

布劳恩跟朋友直率地表示，备忘录里毕竟没有什么真正秘密的东西，只是说明了陆军的情况，并认为大家应该尽全力保护尼克森上校。"我认为这是一份写得很好的文章。"布劳恩笑着说。

"尼克森就好像足球赛中指挥进攻的一名四分卫，告诉我们该做什么，采取什么行动，"布劳恩在法庭上作证时说，"我认为，要不是他，就不会有'丘比特'导弹。说服国防部让我们搞'丘比特'计划的正是尼克森上校。"

还有一些人像布劳恩一样为尼尔森作了证。

军事法庭原来说尼尔森犯有叛国罪、间谍罪和伪证罪，但是后来陆军相信尼克森的动机是完全高尚的，只是因为急于促进陆军的事业而超越了界限，于是决定放弃这些指控，最后只是以违反安全规定判处了停职一年，并罚款1500美元。

尼尔森事件给陆军研制导弹带来了好的影响，国防部长威尔逊同意自1957年7月1日至1958年1月1日从国防部资金中为"丘比特"计划提供经费。鉴于当时的舆论，威尔逊提出了辞职，并被批准。

新国防部长尼尔·麦克尔罗伊接任后，发布了一道新命令：陆军认为应该实现什么样的战术目标，就可以制造什么样的导弹。

尼克森上校的个性很强，对自己坚信的东西充满力量和勇气。在审判中，一位将军私下评论道："看来，陆军里真正为信仰而斗争的只有上校一个人。"他的朋友们说，他不是科学家，但是他促进了科学理想的实现。他热爱科学，三句话不离科学，和任何一个科学团体都相处得很融洽。

多数人不知道，最先提出陆军弹道导弹局设想，推进这一计划，并且最终帮助建立起这个机构的正是尼尔森上校。"这也许是他对卫星计划和美国第一颗成功的卫星'探险者1号'做出的最大贡献。"布劳恩后来回忆道。

经过一年半的艰苦努力，尼尔森和布劳恩终于使陆军真正对卫星计划发生了兴趣。经过几个月的准备，原来的轨道飞行器计划终于呈送给了陆军导弹研究和发展负责人詹姆斯·加文中将。

但是加文中将像许多人一样，在试图说服国防部允许陆军进行研究时，没能取得成功。然而，在苏联人发射了世界上第一颗人造卫星之后，最终使美国挽回面子的，还是布劳恩的这一项计划。

至 1957 年 12 月，陆军弹道导弹局已经发展有 4100 名文职人员，还有 1300 名军事编制人员。整个设备投资增加到 6000 万美元左右。还建设有新的结构和力学实验室以及新的大型计算实验室等。

火箭科学家的压力

1957年9月下旬，负责陆军弹道导弹局的梅达里斯将军和布劳恩接到华盛顿的通知。艾森豪威尔总统新任命的国防部长麦克尔罗伊在正式上任之前，要为"确定方针"到各地考察，10月4日将对雷德斯通兵工厂进行一天的访问。

新国防部长一行人员包括陆军部长威尔伯·布鲁克、莱曼·兰尼兹尔将军、詹姆斯·加文将军和其他高级军官。

梅达里斯将军对布劳恩说，他们俩得到了个极好的机会，"我们可以用事实和数字向他开诚布公地表明我们的看法。看看我们在卫星项目上能否有些作为"。

贵宾们视察了一个下午，并对兵工厂做了简要指示。主人随后安排了鸡尾酒会和宴会，让麦克尔罗伊及其随行人员能亲自认识火箭研制团队的主要成员，并会见亨茨维尔一些杰出的官员和市民。布劳恩团队的研制活动要得到社会的大力支持，离不开这些官员和市民的坚定不移的支持。

鸡尾酒会是在非常轻松、不拘礼节的气氛中进行的。麦克尔罗伊正在和布劳恩、梅达里斯闲谈时，弹道导弹局的一位对外联络人员冲进来，打断了他们的谈话，连礼节也顾不上了，气喘吁吁地说："电台刚才宣布，苏联已经成功地发射了一颗人造卫星！"

顿时，举座震惊，一片静默。接着，戈登·哈里斯又补充道，卫星的广播信号使用的是普通频率，亨茨维尔的一位无线电收发报业余爱好者正在收听。

布劳恩一下子激动起来，用梅达里斯的话说，"听到这个消息以后，布劳恩因为过分急于倾吐自己的感情，他说的话语无伦次"。

"我们早知道他们要发射卫星！"布劳恩对麦克尔罗伊说，"海军的卫星是上不了天的。天啊！放手让我们干吧！我们的架子上就有导弹构件。我们能在60天之内发射一颗卫星，麦克尔罗伊先生！只要给我们开绿灯，60天就行！"

布劳恩讲话的时候，梅达里斯的脑海里迅速地考虑着发射之前必须做的一切工作。导弹构件必须拿下来擦干净，进行试验，还必须做最后的装配。喷气推进实验室的工作人员必须对小小的有效载荷——卫星本身进行重新检查。

"60天，"布劳恩不断地说："只要60天！"

最后，梅达里斯插话说，"不，韦纳，是90天。"

他们终于坐下来用餐。麦克尔罗伊被特意安排在布劳恩和梅达里斯中间，要求采取紧急措施的猛烈炮火从两面向他夹攻。席间，不断送来有关苏联卫星"嘟嘟"信号声的报告。但是，布劳恩不可能当场得到麦克尔罗伊的任何承诺，因为他还没有得到国会的批准。

布劳恩心里明白，这位未就任的国防部长当天晚上上床时是有很多问题要考虑的，苏联卫星就在他头顶上发出具有讽刺意味的"嘟嘟"信号；布劳恩令人信服的连珠炮式的说理在他耳边回响。但是，苏联成就的全部影响当时还没有充分表现出来。

这天美国人大都正在关注阿肯色州小石城中心中学取消种族隔离、吉米·霍法谋求连任卡车司机工会头头或是米尔沃基市勇士队和纽约市美国人队之间的世界棒球联赛。

可是当天晚上 18 时 30 分，美联社报道：莫斯科电台今天晚上说，苏联已经发射了一颗地球卫星。据苏联初步宣布，这颗卫星是一个实验用飞行器，第一次进行试验发射。苏联消息说，卫星重量83000 克，球体直径 0.57 米，高度大约 915 千米；速度大约每小时2900 千米；轨道周期 1 小时 36 分 12 秒。发射卫星几小时后，苏联本土以外的接收机开始收到苏联人造地球卫星的信号。

10 月 9 日，《真理报》说："运载火箭第三级的空头锥也在轨道上。这一消息强调了苏联早些时候声称拥有远程导弹的说法。"

苏联的消息使广大公众大吃一惊。很少美国科学家估计到苏联的卫星发射会来得这么快，而且轨道几乎是圆的，又那么高。最令人吃惊的是，卫星的重量那么大。所有这一切说明，苏联人已经取得了非凡的成就。

美国公众非常震惊，很多人担心，苏联人下一步大概要扔炸弹了。美国的领空终于受到了侵犯。纳粹的轰炸机从来没能越过大西洋这条马其诺防线。第二次世界大战期间，据说只有一两艘日本的潜水艇向加利福尼亚海岸开了几炮。但是现在……

那些"布尔什维克农民"是怎样做出这种事来的呢？美国公民对苏联人造卫星的普遍反应是气愤和失望。

一些比较有阅历的人暗示说，一个新的国家在历史舞台上已经抢到前头去了。强大古老的美国正在变成第二流的大国。毕竟，在弹头输送能力方面，苏联发射人造卫星的火箭可以发射射程 8000 千米的环球洲际弹道导弹核弹头，而美国中程弹道导弹的射程只有 2400 千米。

空间探测从来都是科学幻想小说或连环漫画中的事。可是现在，一向稳重的美联社报道："小月球将于今天上午 7 时 40 分'飕飕'通过费城附近地区上空。大约一个半小时之后通过中西部各州，3 个多小时后通过太平洋沿岸地区。"

空间探测的早期倡导者詹姆斯·加文中将在回顾过去时没有忘记："在某些地区，对我们的科学家干得不出色普遍存在深刻的愤怒和不满。五角大楼很是懊恼，并且十分关注。对苏联人所能做到的事如此不了解，我们自己又不具备可与之匹敌的能力，这是美国人民完全不能接受的。"

布劳恩和他的火箭科学家们受到了前所未有的压力，这种压力甚至大过研发更大威力的火箭，这是一种因政府有关部门和人员压制以及不知真相的美国人带着蔑视的抱怨而受到的双重压力。

的确如布劳恩所说，包括他在内的一些科学家，早就提醒美国政府，苏联有进入航天时代的可能，但是没人相信。

在苏联发射人造卫星之前，有一次加文将军带布劳恩到参议院的一个委员会去。他们进入听证室之后，布劳恩就开始介绍苏联的能力。听了一会儿以后，议员艾伦·埃伦德说加文和布劳恩一定是精神失常了。苏联不可能发射导弹或卫星。他刚从苏联访问回国，在苏联，他看到街道上汽车很少，很陈旧，所以他认为他们两人的观点是完全错误的。

布劳恩聚精会神地听着，有时点点头，好像承认这位参议员所说的话似的。加文有点担心听证会的记录员会把布劳恩点头的姿势当作同意记录下来。所以，加文递给布劳恩一张纸条儿，建议他要小心谨慎，不要给人家以同意埃伦德意见的印象。

委员会主席把加文将军叫到他跟前，威胁要把他撵出听证会，因为他企图对证人施加影响！"听证会就这样结束了，"几年以后加文回忆道，"但没有一个人相信苏联人可能发射卫星。"

对苏联的成功，全世界反应强烈。共产主义阵营欢欣鼓舞，美国公众忧心忡忡。华盛顿的高级政府官员大为震惊。为了改变一下这种情况，政府和艾森豪威尔总统保持沉默。但是百姓吵吵嚷嚷，要求知道苏联的成就意味着什么？这种卫星的目的是什么？有没有危险？

全国的电台和电视评论员以及新闻记者对华盛顿施加强大压力。拼命想采访的记者，甚至见到与军方、科学界或高级政府人士没有什么关系的人也抓住不放。结果，新闻电报和电波中充斥着各种说法，简直和目前所掌握的苏联航天卫星的信息一样矛盾和混乱。

即将离任的国防部长查尔斯·威尔逊对记者们说，苏联人造卫星的发射"纯属科学骗局……你们睡觉的时候，谁也不会从卫星上把什么东西扔到你们头上，所以不必担心。"

这种试图抹杀苏联人造卫星影响的说法，没有给公众和新闻记者留下什么印象。报纸社论立即做出对此不利的反应。经过 5 天的沉默以后，艾森豪威尔总统终于同意举行一次记者招待会。10 月 9 日，他对记者们说："苏联人造卫星的影响并没有引起我的担心，一点也没有。"

同一天，副国务卿克里斯琴·赫托对妇女俱乐部总联合会说，苏联人造卫星是"惊人的科学功绩"，与总统和国防部长直接唱反调。

美国的许多盟友也认为，美国在世界上大为"丢脸"，现在很"明显"，美国声称拥有技术优势，只不过是声称而已。世界上多数国家认为，美国将重新取得领先地位。

但是伦敦的《每日邮报》说了几句不吉利的话："大家都认为，苏联的胜利主要是心理上的，其危险主要也在于其宣传作用。但是，担心苏联主席赫鲁晓夫进行更大的冒险，不无道理。……"

赫鲁晓夫确有这样的想法，在苏联航天卫星的消息成为全世界的头条新闻之前，这位苏联主席已向土耳其采取了威胁性的行动。

局势越来越紧张，最后，当时的国务卿约翰·福斯特·杜勒斯邀请苏联外交部长安德烈·葛罗米柯到他家里。这是一座俯瞰华盛顿石溪公园的官邸。国务卿邀请这位外交部长私下访问他，这还是头一次。杜勒斯想要强调的是，假如土耳其受到进攻，美国将参战。

对葛罗米柯的邀请是在苏联人造卫星发射之前不久发出的，但是访问日期定在 10 月 5 日，在苏联人造卫星发射之后。杜勒斯国务卿的时间选择真是再糟糕不过了，有人猜或许是苏联人故意把发射卫星的时间放在这一天。

人造卫星发射两天之后，苏联又宣布在高空爆炸了一个"新式的大型氢弹装置"。从此，苏联开始大搞起火箭来。不久传来了苏联火箭部署在土耳其边界上的消息。

北约成员国收到赫鲁晓夫的信，信中威胁他们，如果他们允许美国在自己的领土上建立导弹基地，苏联将用弹道火箭发射氢弹加以摧毁。甚至如果美国直接干涉黎巴嫩和莫斯科支持的阿拉伯联合共和国之间的斗争，它也会受到火箭报复的威胁。

杜勒斯的日子非常的不好过，从苏联的傲慢行为看来，在杜勒斯与葛罗米柯的会谈中，威胁克里姆林宫的企图完全失败了。虽然军方对"导弹差距"有种种说法和评论，但是形势并没有好转。

空军预言，至 1958 年底，美国将会拥有洲际弹道导弹。但是正在制造"阿特拉斯号"洲际弹道导弹的通用动力公司康维尔分公司副董事长小托马斯·兰菲尔打破了这一梦想。他在苏联发射人造卫星后不久说，美国"在今后5年内将不得不依靠常规武器……今后5年，我们将冒着生命危险走钢丝"。

随着苏联人造卫星的发射，西方昂贵、复杂的整个防御结构似乎突然过时了。这一点苏联人也知道。"人造卫星1号"增强了他们的信心。

大约一个月后，1957年11月3日，他们把"人造卫星2号"送入轨道，还带着一只名叫"莱伊卡"的小狗。他们的信心肯定更高了，狗的心脏跳动和呼吸声音似乎立刻从卫星传到了地球上。

赫鲁晓夫在苏联最高苏维埃会议上说："我们的人造卫星正在绕着世界运行……不需要斗争就可以取得社会主义的胜利。帝国主义者无论如何都不能阻止我们向共产主义社会迈进的步伐。"

成功的探索者

苏联发射的第二颗人造卫星引起了美国上下对艾森豪威尔政府在航天时代故步自封的大量批评。批评家们不得不承认,苏联在火箭武器方面已经超过美国,在科学技术竞赛中已经明显领先。

"毫无疑义,"布劳恩说,"苏联人征服外层空间首先获得成功。"

当美国公众后来了解到苏联人的"人造卫星2号"有效载荷总重量为500千克,用的是大型火箭发动机,已经具备发射洲际弹道导弹的能力时,公众的呼声发展成咆哮和怒吼,艾森豪威尔政府不得不改变了态度。

1957年11月8日,各通讯社都发布了来自国防部的下列消息:"国防部长今天指示陆军部,用改进的'丘比特'-C导弹着手发射一颗地球卫星。"

亨茨维尔的市民们喜气洋洋,可是,在陆军弹道导弹局里,梅达里斯将军和布劳恩却高兴不起来。当来自华盛顿的官方指示下达给他们时,并不是像报刊消息里说的由"陆军着手发射",而是要他们"准备发射"。

透露给他们的信息是，华盛顿打算给海军的"先锋号"一切可能的机会，直至最后一分钟。如果由于某种奇迹，海军的卫星真的发射成功了，"你们就把那些玩意儿放回到架子上去吧！"

　　梅达里斯把布劳恩请来，进行了一次长时间的讨论，两人决定以提出辞职向华盛顿施压。最后，花了不少时间，他们终于得到了发射卫星的任务。

　　布劳恩得到准许，利用"丘比特"-C火箭发射美国第一颗人造地球卫星"探险者号"，这颗科学卫星将携带有计数器和发报机等设备。这种发报机是艾奥瓦州州立大学物理系主任、美国火箭技术专门研究小组成员詹姆斯·范艾伦博士设计的。

　　范艾伦原来曾经想用新的"先锋号"火箭把他的辐射测试设备送入轨道，可是好几次初步试验都失败了，"先锋号"根本就不能用。现在寄托于布劳恩的"丘比特"-C来实现他的梦想。

　　布劳恩不必检查他的物力，也不必分析这项工作的要求，就能告诉五角大楼他需要多少时间。从一听到苏联发射人造卫星的消息起，他的脑子里就已经装着一份说明亨茨维尔能力的财产清单。从天空中第一次传来苏联人造卫星的"嘟嘟"信号声起，他已经把该做的工作每一步都反复想过了千百遍。

　　其实，在布劳恩接到命令，为发射"探险者号"准备"丘比特"-C运载火箭之前，许多基本试验已经完成，以支持"丘比特"-C火箭进行的一系列"重返大气层"飞行，这也为此次发射打下了一个良好的基础。

　　布劳恩和梅达里斯共同商量，在梅达里斯的坚持下，陆军正式向国防部要求90天的期限。

　　期限只有90天，要做的事情很多。

这次发射用的"丘比特"-C多级火箭。第一级是延长了的"红石"火箭；第二级是一组11台缩小比例的"中士式"发动机；第三级是另一组3台的"中士式"发动机；第四级是一台"中士式"发动机，"探险者号"就固定在第四级前舱舱壁上。

看似简单的结构，实际干起来却是常人难以想象的复杂。

范艾伦的测试设备产生了一大堆新的问题，"丘比特"-C火箭需要做重大改进。在为"丘比特"-C的轨道飞行进行准备的过程中，布劳恩和他的工作人员必须解决的最困难的问题，有些是大多数人从来没有听说过的。

另外，"探险者号"所需要的新部件，布劳恩打电话向亨茨维尔仓库订货是解决不了的。这些新部件必须专门制造，其中许多还需要使用新的制造技术。还有，要迅速研制出适合肯尼迪航天中心操作条件的液体火箭燃料快速加注系统，成了一个让人头痛的问题。

布劳恩指挥着3200名科学家、工程师和技术人员夜以继日地工作着。布劳恩命令，探险者计划的每一项修改都进行彻底试验，而且都要试验到十全十美。

布劳恩后来回忆道，在发射第一颗"探险者号"卫星前关键性的几星期内，他常常几天不回家。"要解决这些问题相当困难，但是最后我们取得了成功。"

期限到了，"把它运到佛罗里达去，"布劳恩非常满意地说，"可以发射了。"

1958年1月31日，在佛罗里达州的卡纳维拉尔角，巨大的"丘比特"-C运载火箭高耸入云，乳白色的壳体在阳光下发出耀眼的光芒。发射场上的人们屏声静气等待点火命令，在华盛顿五角大楼里等待发射结果的布劳恩紧张得似乎能听到自己的心跳。

倒计时开始了。4——3——2——1——0!

"探险者号"在轰鸣声中飞向了天空!

当火箭到达地球上空362千米时,地面控制站发出一个信号,点燃第二级。第二级11台缩小比例的"中士式"发动机燃烧6.5秒。随后,第三级、第四级的发动机被依次点燃。

"探险者号"发射7分30秒后,达到每小时28800千米的轨道速度。

布劳恩觉得,他过去所有的努力也许全都压缩在这短短的8分钟里了,但是在焦急的等待中,这8分钟似乎比8年还长!

在这历史性的8分钟里,他变得极为不安,他可以听到自己的心脏跳得很快。这8分钟是在五角大楼通信室墙上一座大钟的"滴答"声中度过的,还伴有虫鸣和电传打字电报机、编码机的"嗒嗒"声。

布鲁克部长、少数经过挑选的将军和几位陆军高级科学家焦急不安地等待着。此时,正在佐治亚州的奥古斯塔和朋友心不在焉打着桥牌的艾森豪威尔正等着成功的消息,然后这位美国总统就可以向全世界宣布:我们也发射了卫星。

火箭飞行顺利的消息传到五角大楼后,稍有些放松的布劳恩迅速地做了一些计算,对布鲁克部长和其他人说,如果"探险者号"进入轨道,它将绕地球运行,刚好在106分钟后掠过加利福尼亚海岸上空。圣迭戈的月球观察站做好了一切准备,准备在上午12时41分收听"探险者号"的无线电"嘟嘟"信号。

只剩下几分钟了。12时40分,威廉·皮克林博士给圣迭戈方面打了一个电话,询问有没有听到来自卫星的声音。回话是没有听到。时钟的细长秒针走到12时41分了。

"你听到了没有？"皮克林继续问道。

"没有，先生。"

两秒钟过去了，整整一分钟过去了。

"现在听到了没有？"皮克林不耐烦地大声问。

"没有，先生。"

"怎么搞的，"皮克林对着话筒喊道，"你为什么会听不见呢？"

布鲁克把头转向布劳恩。"韦纳，"他的嗓子有些发干，用微弱的嗓音说道，"这是怎么回事？"

将军们骚动起来，他们的眼睛都盯着布劳恩，开始互相探询："怎么回事？"过了一会儿，他们的声音逐渐消失。

一阵静默之后，手里拿着电话听筒的皮克林激动地高声喊道，"他们听到了！韦纳，他们听到了！"

布劳恩看了一下自己那只大手表，长长地舒了一口气，说："晚了8分钟，真有意思。"

布鲁克和将军们纷纷来跟布劳恩紧紧地握手。有人给总统那里通了一个电话，艾森豪威尔总统说了声对不起，便离开了桥牌桌，对着摆好的话筒宣布："美国已经成功地把一颗科学地球卫星送入地球轨道。这是我们参加国际地球物理年活动的一个组成部分。"话音里充满了自豪。

亨茨维尔街道载歌载舞；《时代》杂志编辑在拼命地赶写一篇详尽的、以布劳恩为封面的报道；白宫准备举行盛大仪式，在这个仪式上，艾森豪威尔总统将向布劳恩颁发美国公民服务奖；美国全国各地都安排了庆祝活动……

韦纳·冯·布劳恩博士成了一个民族英雄。

1958年8月1日，雷德斯通兵工厂司令官、已升任少将的托夫托伊离开亨茨维尔，到马里兰州去指挥陆军的阿伯丁试验场。亨茨维尔新老公民在大泉公园为他立了一座纪念碑，并在纪念碑的揭幕仪式上向他表示敬意。

托夫托伊在答词中说，他在军队里服役 36 年，从来没有看到过像亨茨维尔这样好的社群关系。谈到纪念碑时，他说："我把那块碑看成我们团结的标志。你们这座城市充满活力，很有进取心，最接近航天时代。

"感谢布劳恩博士带给我们的荣耀！"他最后说。

进入航空航天局

第一颗人造卫星"探险者号"成功发射以后，美国的空间技术应该朝着哪个方向发展？在之后的几星期乃至几个月中，对这个问题有着不少争论。不过，可以确定的是两个超级大国正在进行一场白热化的竞赛。

布劳恩提出，美国应该立即着手发展大型航天器，而且越来越多的人开始赞同他的想法了。

"你认为我们还要多长时间才能赶上苏联人？"在全国的电视和广播节目中，人们常常向火箭专家们提出这个问题。

1958年7月18日，国会通过了国家航空航天法，美国正式成立了航空航天局。该局将把国家航空咨询委员会吸收进去，并负责"一切空间活动，除了与军事需要密切相关的计划以外"。

活跃的共和党人、克利夫兰凯斯理工学院的基思·格伦南被任命为航空航天局局长，他以前曾经是原子能委员会的成员，很受尊敬但是不问政治。德赖登被任命为副局长。

根据国家航空航天局的计划，该局将吸收国家航空咨询委员会的8000多名雇员和一亿多美元拨款。它接管了"先锋号"计划、

"探险者"计划和喷气推进实验室所提供的各种服务。

当时，在征服宇宙空间方面，空军、海军和布劳恩所在的陆军都提出了各自的计划。但是，最终都被顶了回去，因为艾森豪威尔和他的顾问们确信，在载人宇宙飞行方面，军方起不了多大作用。

航天法通过以后，德赖登提交了一份备忘录，补充道，"指定国家航空航天局朝着载人卫星计划的方向发展，是符合总统给国会的资讯文件精神的，是和国家航空航天法的有关章节一致的。"

从那时起到8月20日的某一个时候，艾森豪威尔做出了决定，他把发展载人宇宙飞行的任务分配给国家航空航天局。

国家航空航天局获准开始进行名为水星计划的载人航天冒险，主要是因为艾森豪威尔总统坚持"空间为和平服务"的政策。多数国会议员、他最亲密的顾问，可能还有绝大多数公众，都赞同他的政策。

国家航空航天局开创之时，布劳恩团队正在加紧继续进行"探险者"计划。他们得到指示，在陆军弹道导弹局用完它剩下的几枚"丘比特"以后，高级研究工程局将要求亨茨维尔的团队用功率更大的"天后2号"另行发射探测器和人造卫星。

在一系列探险者卫星的发射中，除"探险者2号"没有获得成功外，"探险者3号"飞行3个月后于1958年七八月间重返大气层，运行5500万千米。这颗卫星还载有宇宙射线强度测量设备，发现了辐射带，成为国际地球物理年最杰出最激动人心的成就。

"探险者4号"是陆军弹道导弹局于1958年7月26日发射的，在轨道上运行452天，2.6亿千米，于1959年10月重返地球大气层。这颗17000克重的卫星载有4个辐射计数器，为辐射区的分布和能级提供了许多极好的资料。

1958 年 12 月，陆军喷气推进实验室和范艾伦的联合研制团队用"天后 2 号"火箭首次尝试登月。这种航天器叫作"先驱者 3 号"，因为终点速度比预计的低 3%，未能到达月球，因而成了一个月球探测器。但是尽管如此，它还是一项伟大的科学成就，因为它提供了 10 万千米高空辐射强度的珍贵资料，并且证明了有两个明显很强的辐射带的存在。

1959 年 3 月进行的第二次尝试，即"先驱者 4 号"，从各个方面看，它都取得了圆满成功。它以 60000 千米的距离经过月球，成为美国进入绕太阳永久行星轨道的第一颗卫星。

1959 年 5 月 28 日，在前一年底载小鼠猴飞行失败后，"丘比特"火箭第二次载着猴子起飞，这一枚"丘比特"火箭的头锥里还载着一些生物医学和生物物理标本。这一次，回收取得了圆满成功。

1959 年 10 月 13 日，陆军弹道导弹局遵照国家航空航天局的指示，发射"探险者 7 号"卫星。卫星重量约 42 千克，包含 7 项重大科学实验，是布劳恩团队的约瑟夫·贝姆设计和研制的。到当时为止，是世界发射的最复杂、提供资料最多的航天器。"探险者"基本上都是以"红石"火箭为基础的旧式"丘比特"-C 送入轨道的，而"探险者 7 号"是用新的、功率更大的"天后 2 号"火箭发射的。

布劳恩团队的能力和反复发射卫星成功的记录表明，新成立的国家航空航天局迟早会吸收他们进来，只不过是一个时间问题。

其实，国家航空航天局在 1958 年下半年已经做出过这样的行动。经过反复的较量之后，陆军被迫放弃了由加利福尼亚理工学院管理的喷气推进实验室，可是对亨茨维尔布劳恩的团队却死死抓住不放。

一年以后，国家航空航天局局长格伦南再度尝试，这一次他取得了成功。国家航空航天局答应陆军，要帮助搞一个新的陆军导弹发展团队，即使布劳恩团队从陆军转入国家航空航天局以后，也还是要继续完成"潘兴"导弹系统的研制任务。

格伦南得到一个综合性的航天火箭研制团队和亨茨维尔的大量设备以后，决定改造他自己的华盛顿总部的结构，以适应整个国家航空航天局大大扩大了的任务，同时也是为了解决各研究中心在研制新的大型火箭过程中产生的许多管理问题。

布劳恩团队和国家航空航天局密切结合在一起，给双方都带来好处。布劳恩说，他对这一次转让"完全满意"。1960年2月8日，他还督促国会尽快批准总统的行动。

布劳恩夸奖国家航空航天局一接收庞大的土星计划，就立即做出"明确的决定"。他说，在"土星号"上面各级的问题上，他的团队和航天局很快达成了"一致的决议"。

1960年3月15日，总统关于把陆军弹道导弹局发展管理处转让给国家航空航天局的命令生效。国家航空航天局新的运载火箭系统的全部技术和管理任务全部分配给了亨茨维尔中心。

这些系统是"阿特拉斯—阿吉纳"、"雷神—阿吉纳"和"阿特拉斯—半人马座"，当时进展都不大。此外，亨茨维尔当然还要继续负责它自己的新式大型运载火箭"土星号"。

"土星号"火箭的第一级在亨茨维尔作为一项内部发展计划正在稳步进行之中，上面各级已经由工业界承包。完整、综合、多级的土星系统的技术指导任务也已经交托给布劳恩的团队，这项任务几乎比所有其他任务都要艰巨。

布劳恩作为新的国家航空航天局亨茨维尔中心的主任，必须在两个方向上发展他的机构。第一，他必须对行政和技术支持的各环节做全面补充，从人事部门到发动机的集中控制，这些工作过去一直是由陆军负责的；第二，他必须加强那些负责处理与工业界的合同问题的机构。

他手下的人对这方面的工作并不生疏，因为即使在过去，他们也常常尽可能多地向工业界购买火箭元件，如火箭发动机、遥测发射机和无数其他项目。但是将来在亨茨维尔，同内部工作比较起来，外部工作将会比过去更加受到注重。

就在把亨茨维尔机构转让给国家航空航天局的命令生效时，格伦南宣布，这一新的中心改名为乔治·马歇尔航天中心，以纪念这位伟大的将军、国务卿和诺贝尔和平奖获得者。这位将军曾以提出第二次世界大战后美国对被战争破坏的西欧各国进行经济援助，协助重建的"马歇尔计划"而闻名世界。

研制成功"土星号"

1959 年末，因为大选之年临近，公众对苏联不断取得的空间成就和所谓"导弹差距"越来越担心，那时候有关部门对土星计划的态度也开始发生转变。

1960 年 7 月 1 日预算局为土星计划拨款 1.4 亿美元。国家航空航天局局长格伦南博士说服总统又为土星预算追加 1 亿美元，布劳恩非常兴奋，他表示，这一下真的"可以大干一场了"。

布劳恩团队第一次有了足够的钱来从事一项像样的航天计划。按照进度要求，第一枚"土星号"火箭要在 1961 年底上天，至 1964 年初总共要造出 10 枚。

当时，苏联成功发射的深空探测器重量超过一吨，而美国的"先驱者 4 号"卫星却小得可以装在一只箱子里。因此，"土星号"也是美国进行有意义的载人航天飞行的主要希望。

布劳恩团队为了缩短产生大型火箭助推器的时间，提出了发动机组的设想。其实这种设想并不是什么新东西。当制造一台更大的船用发动机或飞机发动机不可能或不可取时，就使用不止一台发动机来获得更大的动力。布劳恩只不过是把这个原则应用到火箭技术上罢了。把一组现有的可靠火箭发动机放在必需的推进剂箱下面，就可以在最短时间内产生强有力的火箭助推器，这似乎是合乎逻辑的。

但是土星计划不仅仅是权宜措施。因为它将要完成的任务范围很广泛，甚至在一两台发动机发生故障的情况下还要继续飞行，所以发动机组的设想将大大提高载人宇宙飞行的安全和可靠程度。多发动机的船只和飞机，其可靠性必然大大提高，这是大家公认的。

"土星号"火箭这一庞然大物，身世可以一直追溯至它的祖先——赫赫有名的V-2。因为从某种意义上说，8台H-1发动机只不过是把布劳恩及其德国同事在佩内明德研制出来的发动机加以重新装配、大大加大功率、大大简化和大大改进而已。

美国头一批改进型的V-2发动机用在北美航空公司的"纳瓦霍1号"导弹和布劳恩的"红石"火箭上。它仍然具有V-2发动机的一切主要特点，如涡轮驱动的燃料和液氧泵、过氧化氢涡轮传动装置、用75%的酒精作为燃料以及复壁燃烧室等。甚至连平顶喷射头也是根据在佩内明德广泛试验过的一个模型仿造的。

经过将近8年系统的艰苦努力，洛克达因发动机有了许多重大改进。用煤油代替酒精，增加了燃烧室的压力，推进剂效率也增加25%左右。这一系列改进的结果，产生了为"丘比特"、雷神和阿特拉斯提供动力的洛克达因S-3发动机。

在国家航空航天局新的上司领导下，布劳恩火箭团队负责管理所有的大型空间运载工具计划，甚至连军方都不准使用。

他的未来计划处变得十分繁忙，要进行一系列的调查，研究如何把新的 68 万千克推力的洛克达因 F-1 火箭发动机集成一束，为一台新的庞大无比的超级助推器提供动力；如何把这种助推器的设想和国家航空航天局与原子能委员会旨在把该火箭发动机用于上升到超级助推器级或深空推进系统的联合计划结合起来。

布劳恩团队转让给国家航空航天局这件事，有一个重要方面当然是布劳恩非常喜欢的。在他的一生中，无论是在德国还是在美国，他最心爱的计划，不管是研究军用火箭或空间探测器，都只能跟随在负责提供经费的某种重点军事计划之后进行。甚至使他名闻世界的"探险者号"，也是靠匆忙把一些军用火箭集中起来才送入轨道的。

现在，国家航空航天局发展大型"土星号"航天火箭是由国会拨款的。大家都明确，"土星号"的主要使命是为探测性目的提供空间运输。如果将来"土星号"应用到军事上去，那将仅仅是一种副产品。

有了"土星号"这样巨大的运载火箭，可能还会有核动力用来进行深层空间飞行，布劳恩对月球，甚至对火星进行载人探险的幻想将有可能实现了。

但是有两件事令人担心。一项和平的空间探测科学计划，在一年左右时间内开支可能突破每年 10 亿美元，美国公众会继续支持这样的计划吗？

国家航空航天局的一位高级官员嘲弄地说："我们的任务是赶上

苏联。但是如果我们真的取得成功，那是上帝的帮助。"每一个纳税人都有要求得到保护和安全的基本愿望，如果你喜欢的话，也可以说是恐惧心理，因此，国防预算得到了广泛的支持。

　　但是，苏联的空间成就引起的举国难堪局面消除之后，单纯出于科学好奇心，国家航空航天局的预算能得到充分的广泛支持吗？通信卫星之类的东西会有充分的商业价值吗？或者说，巨大的人道主义好处就能保证物力源源而来，维持连续不断的空间计划吗？

热心青年科技教育

从 20 世纪 50 年代初开始，由于布劳恩在《柯里尔》杂志上发表了火箭和宇宙探索方面的文章，并由沃尔特·狄斯奈拍摄了纪录片，布劳恩办公室每天都能收到火箭爱好者的大量信件。

"探险者号"发射以后，这种信件的数量猛增，阅读和回复这些信件成了一个非常艰巨的任务。

有很多信是青年人寄来的，询问怎样才能成为火箭专家，怎样开始从事空间工作。布劳恩意识到，这些火箭迷当中也许就会有未来一代的工程师和科学家，他们肩负着推动美国进一步征服宇宙的重任。

布劳恩的工作负担非常重，平常空余的时间很少，对这些来信只能做礼节性的回复，并建议这些青年火箭爱好者集中精力学习数学、物理、化学等基础课程，为以后从事火箭和航天工程做好准备。

但是，这些年轻人的要求不止于此。他们中越来越多的人已经开始在地下室里造起自己的火箭来了，这些勇于探索的青年常常因为火箭意外爆炸而遭殃。报纸上经常刊登有人被炸死、被炸掉手或手指的令人伤心的消息。

这些消息使布劳恩感到惋惜和不安，后来他在给火箭爱好者们回信的同时，开始考虑一种不仅能挽救处于危险境地的青年火箭爱好者，而且能帮助他们将来成为名副其实的火箭工程师的全国性计划。

1956年的秋天，一个非常特别的火箭业余爱好者触发了布劳恩的思想火花，使他花了相当多时间，为全国的青年认真地制订了一个火箭计划。

一天早上，报纸的头条新闻报道，在北卡罗来纳州的夏洛特市，一个名叫詹姆斯·布莱克蒙的16岁少年，要在离家不远一片空地上，把他在地下室里造出来的液体燃料火箭发射到空中。而联邦航空署认为，这样做会对当地上空的空中航行造成危险，所以裁决不允许他发射。但布莱克蒙拒不遵守，依然准备让他那枚1.8米长的汽油火箭上天，因此即将遭到严重的处罚。

那天早上，布劳恩开着车来到了雷德斯通兵工厂，遇到一些陆军的对外联络员，他和他们谈起了关于布莱克蒙的报道。最后决定，由陆军出面邀请布莱克蒙到雷德斯通来参观，并让工程师检查一下他的火箭；而且还要很好地款待他，用直升机载他去兜风，让他看雷德斯通兵工厂的车间，或许还能让他亲眼看一看"丘比特"发动机的试车台试验。

从宣传的角度看，陆军取得了很大的成功，全国各种报纸都在头版刊登了布莱克蒙在雷德斯通的照片。然而，正在早上吃着英国热松饼、喝着滚烫咖啡的陆军部长布鲁克，看到报纸后却大吃一惊，担心受到鼓舞的火箭爱好者会纷纷效仿。

后来，雷德斯通方面证实，因为布莱克蒙那枚火箭的设计不完善，意味着火箭可能会爆炸，因此他们拒绝了布莱克蒙试验发射他的火箭。这时，陆军部长、联邦航空署和其他官员才又恢复了平静。

但是，布劳恩不会忘记布莱克蒙和像他一样的火箭爱好者。作为美国火箭协会会员资格审查委员会主席，他经常考虑如何帮助他们。

1959年11月16日，在华盛顿召开的美国火箭协会会议上，布劳恩决定继续为这些青年以及他们的实际火箭技术训练大声疾呼。他在会上提出了一个很全面的计划。

这是一个经过了深思熟虑的计划，包括设立教育委员会的建议。在全国范围内散发强调航天学重要性的材料，使青年了解基础科学的重要性和自由试验的危险性。计划还建议，全国火箭协会应该提倡，由拥有经过批准的设备的政府机构和私人机构与合格人员，共同负责火箭设备的装药和试验。计划接着建议，应该鼓励教师成为候补会员。美国火箭协会应该帮助这些教师，使他们能对"单干"的业余爱好者做必要的解答。

计划详尽阐述了美国火箭协会应该如何寻求与其他组织合作，如卫生、教育和福利部、全国自然科学教师协会、童子军和其他组织。准备建立发行小册子、电影和其他材料的图书馆。还将着手制订一个对外联络计划，重点在于普及航空航天工业对外联络部门及其人员的专业知识。

布劳恩说，他相信，美国童子军是一个具有与青年打交道所需要的组织和经验的团体。因此，他建议与美国童子军共同执行一项试验性计划，至少在局部地区搞一年。这样一项试验性计划应当包括俱乐部计划、航天学奖章以及类似于现在的航海童子军和航空童子军的空间探测童子军。

技术指导和帮助将由美国火箭协会提供，组织工作将由美国童子军负责。如果这项试验性计划证明是成功的，就可以发展为全国性的计划，其他得到承认的组织如有兴趣也可以参加。布劳恩热切地指出，童子军对这样一项试验性计划有兴趣，他们表示如果美国火箭协会愿意提供必要的帮助，他们愿意干。

布劳恩的建议一在美国火箭协会会议上提出，便引起了热烈的讨论，协会理事会承诺要对这件事情进行调研。但是几个月后，理事会宣布其决定时，布劳恩非常失望，协会被要求只实施理论教育方面的计划。

很显然，布劳恩对这一结果并不满意。他感到，美国火箭协会的其他理事一定会认为他是支持在地下室里任意进行试验的，而事实绝非如此。他想做的只是使普遍存在的"地下"活动得到专门的管理，从而使年轻缺乏经验的火箭爱好者们的试验活动更加安全。

成千上万年轻人极为强烈的求知欲，始终让布劳恩对他们保持极大的关注。

"青少年如饥似渴地追求知识，对那些能满足这种追求的人应该是一种鼓舞，对那些应该提供教育手段的人应该是一种挑战。当一个孩子追求真理时，我们应该帮助他找到真理。"布劳恩说。

实际上，航天时代的到来，尤其是苏联的人造卫星飞向太空，在这些方面针对美国教育制度的批评接连不断。当人们拿苏联的技术和美国的技术进行比较时，这种批评就爆发出来，形成了巨大的浪潮。

"有人叫喊，这是'美国牌'的教育制度，为遭到最尖锐抨击的教育方针辩护，"布劳恩有一次说道，"其理由是其他地方，如苏联那样的学校没有任何可取之处。

"在这个问题上我们应该有理智。教育的任务就是使这些青少年适应 5 年、10 年、15 年以后的社会。教育必须与未来息息相关，学校应该认真考虑，需要做些什么才能使他们适应这种未来的社会呢？"

布劳恩认为，近来在空中、空间或海底所表现出来的技术，只不过是众多成就中比较突出的方面，面对国外雄心勃勃的竞争，对这些新的学科、新的知识的学习迫在眉睫。

布劳恩指出，虽然许多城市、某些州和联邦政府，都已经着手推进科学知识方面的教育，这意味着更多地提供实验室一类的设施，建设新学校，增加教师薪水，提供研究生学习机会，以提高教学质量，这一切都是有益的，但是不应局限在狭小地区范围内，也不能把它看成权宜之计。只在几个主要的城市开设计划周密的课程，而在其他地方几乎不去提高教育质量，这样做，无数儿童也还是得不到良好的教育。

"我是在欧洲的学校里受的教育。在那里，对一门学科的实际知识和正确运用这种知识的能力，几乎是衡量进步的唯一标准。这种做法也许是过时的，但是我相信它在航天时代仍然是必不可少的，正如它在帆船时代和蒸汽时代也是必不可少的一样。"他说。

"许多学校过分注重学生的个人表现、待人接物、同学关系，似乎和这个时代有点格格不入。我们不应当忘记，专心致志的人，很少注意或者完全不注意社交的人，往往是有伟大发现的人，而人类的进步在很大程度上有赖于这种发现。"

布劳恩觉得，现在的学校在鼓励进行深入细致的研究方面，或在提供有助于专心致志刻苦攻读的学校环境方面做得太少。相反地，在学生面前，有那么多富有诱惑力的东西以课外活动的形式出现，以致学生荒废学业。事实上，大伙儿干什么，某一个个别的学生也就得干什么，无论什么时候都得这样。要不然，他就有被大家唾弃的危险。

"我不禁怀疑，如果我们的学校培养学生所花费的金钱、精力和培养运动员差不多，会得到什么结果？总而言之，我们把重点放在哪里？我们制订教育计划过多地注重整体，而注重个人的需要不够，我认为这种论点是有充分的证据的。也许我们是把通用汽车公司的装配线技术移植到教育领域里来了，但是因为教育完全是和人打交道，不是工程性的生产，那一套是行不通的。

"大多数问题，规模大了就有一个财政问题，教育也是如此。如果我们能花几十亿联邦拨款修建新公路，花更多亿扶助农业，那么我认为我们也有力量花更多的钱来培养美国青年的头脑。"

布劳恩对比较年轻的大学毕业生的评价是，他们多数人在自己的专门学科领域中的确学得不错，但是往往不具备相关学科领域的知识广度，而这恰恰是他们在解决若干学科体系密切相关的问题时所必须掌握的。

始终关心着教育领域的布劳恩，提出了许多改进办法。例如，重新制订基本教育课程，以适应将来的要求；挑选出尽可能年轻的，有可能对航天时代的进一步发展做出贡献的未来科学家、数学家和工程师；对刻板的公立学校提供必要的设备和有益的指导；把教育重点集中在具有长远重要性的领域；父母必须担负起应当承担的责任，使教师不必操心学生的待人接物等问题；满足青年对影响他们未来生活的未知事物的知识探求等。

不久，火箭权威布劳恩成了全国最受欢迎的"毕业典礼演讲人"之一。

在布劳恩努力推动教育制度改革的同时，苏联的人造卫星和美国的"探险者号"也引起了公众对提高教育水准和改进学校制度的关心，全国的中小学纷纷举办起青少年科学展览，教师参加，工程师也参加。人们再也不对科学家抱有偏见了。

在各种因素的共同作用下，美国迎来了一个令布劳恩这样关心教育的人士振奋的教育大发展时期。社会发生着惊人的变化，不管是为了追赶时尚，还是确实有了深刻认识，反正几乎所有的父母都要求让他们的孩子得到最好的教育；课程加重，自然科学也变得和英语、历史同等重要。这种变化延续的时间和阿波罗计划一样长。

在整个 20 世纪 50 年代和 60 年代，许多院校给了布劳恩一大堆荣誉学位。只要他认为对进一步推进美国技术革命进步有益，他就欣然接受邀请去演讲。他在毕业典礼演讲中常常这样说：

> 从长远看，让年轻人自己选择职业对他今后的成长更加富有成效，这不仅是对他们的尊重，也是为了他们能取得更卓越的成就。在舆论上，我们必须贬低青年中那些开飞车者，而去鼓励那些想成为杰出的科学家的人。
>
> 解决发展青年才能问题的办法可以归纳为一句话：人力资源宝库不容忽视！麦迪逊大街的广告上说："今天的图样就是明天的汽车。"同样的今天的中学生就是明天的科学家和工程师！

布劳恩说，吸收比现在更多的人才，有几种人力社会来源。这个见解当时成了头条新闻。他指出，一个被忽视的来源是妇女。因为在中学毕业的女生中特殊人才的损失很大，应该鼓励妇女学有所成。我们需要鼓励更多妇女主修自然科学和数学，特别是鼓励愿意当中学自然科学和数学教师的妇女。

同时，工业界和政府不应该忽视已经获得高级科学学位的妇女。我们都知道妇女在战时对科学和工业做出的贡献。布劳恩指出，我们也知道科学不是人，没有性别之分。"为什么女性就不能对科学做出贡献呢？这是没有道理的。居里夫人就是一个很好的例子。"他说。

布劳恩认为，另一个来源是经过科学训练而又不愿意退休的老人。为年老公民找到有成效的有报酬的工作岗位，已经成了并将继续成为重要的事业。联合国从来没有把老年医学和使用老人的问题作为一个对一切文明国家的严重挑战来考虑。

　　还有感到自己被社会遗弃和忘却的残疾者。"每一个人都有权享受与他的能力相称的机会。这种美国的信念为有生理缺陷的人大大增加就业机会铺平了道路。在社会上，在工作中，残疾者需要别人把他们作为普通人来承认和对待，以便获得更充分的认可和机会。

　　"从本质上说，人与人之间的差别只是在能力程度上。医学上的惊人进步，新的弥补器械，使残疾人恢复正常生活的技术的巨大发展，工业界和政府职业安排技术的改进，让残疾人有可能自立，成为有生产能力的有用公民。"

关注海洋世界的利用

布劳恩的全部业余爱好，如阅读、天文观测、航海、打猎和飞行等，都是在童年和青年时期发展起来的。多年来他一直保持和培养着这些兴趣。

除此之外，从 42 岁起，他逐渐成了一个优秀的潜水员。海洋世界的无数奥秘和富有挑战性的潜水，对他有着强烈的吸引力。"和许多户外活动一样，"他说，"是水下探测的美妙构想使我着了迷。"

因为他本来就是一个水上运动迷，酷爱游泳，所以学起潜水来比较容易。不过，这把火还是靠另一个空间迷亚瑟·克拉克的推动和宣传才点燃起来的。

事情发生在 1954 年一个夏日的傍晚。他的朋友弗雷德里克·杜兰特邀请布劳恩和另外两位朋友吃晚饭，并在他家里度过这个晚上。他们在花田里休息，喝着饭后饮料，看着萤火虫，谈论着当时轰动一时的有关飞碟的报道。

克拉克告诉他们，他就要到澳大利亚和大堡礁去探测并拍摄海洋。当时他已经是一个很高明的潜水员。他骄傲地谈起他为这一次即将到来的使命而准备的摄影器材和水下呼吸工具。

克拉克说，潜水作为一种运动，当然是十分有诱惑力的。但是他认为，以海底探测为目的的潜水应当成为未来水下科学有希望的、重要的、基本的方面。

克拉克说："未来，对于人类来说，占地球表面70%的海洋，将比一切未开发的土地和大陆上的山脉、森林、沙漠、草原都更加重要。"

他预见海洋科学和海洋技术将会繁荣起来，从而解决人类对资源、食物、能量的无限要求以及生命本身的继续存在问题，并对此作了解释。如果地球上的海洋也会死，那将是人类和这个星球的一切生物史上的最后一次大灾难。克拉克接着引用大海洋学家雅克·考斯托的话说："可能在海洋死亡50年之后，地球上的人就会全部死光……人之所以能生存，就因为地球是有水的星球。在宇宙中，液态水可能和生命一样稀少，也许水就是生命的同义词。海洋就是生命。"

克拉克继续讲述海洋的挑战，讲述人为了生存将怎样向海洋索取更多资源。布劳恩聚精会神地听着，陷入了沉思。

"我们一致认为，将来人会尽一切努力从洋底沉积物下面取尽最后一滴石油和最后一点天然气。我们认为，在今后几十年中，将会在海上建设起炼油厂、油罐区、港口和管道网等设施，其中有许多坐落于海底……还有各种金属矿的开采。将来，海洋开采工业肯定会繁荣起来，也许会永远繁荣下去……"

克拉克提起了话头，布劳恩和他们一起接着对"海洋的前景"进行推测和假设。这时布劳恩的兴头特别足，他说的话也更富于哲理性。"水，"他说，"和金刚石对比，对多数人来说不是太有吸引力的东西。但是我认为我们应该认识到，清洁的淡水对于全世界的千千万万人是最宝贵的东西。许多国家的缺水问题是灾难性的，而且情况还会继续恶化。甚至在淡水历来是理所当然的'免费'商品的美国，现在也开始告罄了。

"所以在过去十多年中，我们已经采取了一些措施，从海洋里提取淡水。美国内政部借助复杂的设备和大型蒸馏厂，每天用海水制造出几百万加仑淡水。然而，这仅仅是一个开端。将来，美国和其他地方所使用的淡水，来自海洋的会占很大的百分比。将有几十亿加仑的淡化水用于农田灌溉、工业和生活。"

"今后将建造越来越多的发电厂。在今后20年中，光美国也许就要兴建大约500家。不久以后，核发电厂将取而代之。但是只要可能，将在海上、在离开拥挤不堪的海岸线的地方，同时兴建矿物燃料发电厂和核发电厂。有些将建在浅水中的桥型结构上，这些类型的发电厂都需要几百万加仑水作冷却用，都需要水下管道系统和电缆系统，都需要浮标系统和维修用的海底设施。"布劳恩说。

"将来，使用特殊潜水船的专门潜水人员，将成为一种新型的水下线路修理工。"克拉克补充道。

他们一致认为，用复杂的机械和计算机装备起来的水下居住点、研究室和潜水控制站，将为孜孜不倦地从事枯燥海洋研究的科学家们提供服务。这种研究应该不断继续下去。关于海洋和洋底——海里有什么、海底下又有什么，人是永远学不完的。各种各样的研究活动将继续发展，海洋科学本身将成为未来海洋大发展的关键和中心。

"最后，"布劳恩说，"我能预见，海水将成为解决能源危机的生命线。很可能在50年内，原子能科学家就能产生受控核聚变动力。同我们现在应用的核动力，即裂变动力对比，聚变动力将使以海水为燃料的发电站为人类提供无限量的动力。1

升海水产生的能量比 1000 升汽油还要多。地球上用不着很多的这种工厂投产，人类就可以把'燃料危机'这个名词从词典上抹去。

"我清楚地看出，之所以出现人类涌向海洋的情况，人之所以从事我们前面讨论过的各种努力，是有一些基本原因的。简单地说，这些原因依次为：地球上的人口爆炸、世界食物短缺、淡水匮乏、能源危机、原料和资源不足越来越严重、陆地上的余地越来越小。还有最后一条，人需要不断寻求知识，需要不断进行科学研究。"布劳恩说。

"在今后 50 年内，人类将要、而且必须要从海洋以及与海洋有关的活动中去寻求这些问题的解决办法。于是，人类的一个新时代就会到来。"克拉克补充道。

这几个从事空间和火箭研究的人，如此专心致志地讨论海洋的问题，也许不应该认为这只是一种现象。事实上，布劳恩和朋友们如此兴致勃勃地谈论这个新领域，似乎是合乎逻辑的。

"不过，"过了一会儿克拉克说，"韦纳，我并不是劝你从宇宙航行学转向潜航学。对于你，潜水首先会成为一件趣事，一件你深得其乐的事，尽管我可以预言，你会发展这种爱好，使它成为真正着重于探测的技术。这对你将是很有意义的。"

没过几天，布劳恩就搞来了器材。一个阳光和煦的下午，他第一次系上租来的压缩空气瓶，熟悉斯库巴水下呼吸器。通过这种新的使人入迷的爱好，他结交了许多极好的新朋友。

其中一个是埃德·林克，他是林克领航员训练器的发明者，也是一个水下探测技术的先驱者。他和佛罗里达的一个造船技师小约翰·佩里设计并建造了可容 4 人的"深潜号"潜水艇，为海底的商业活动和科学活动提供了方便。

有一天，布劳恩和林克在大巴哈马群岛弗里波特海上一起进行了一次水下冒险。

　　在《大众科学》上，布劳恩写到他的经历："你登上'深潜号'时，它还放在18米长的母船'海潜号'的船尾上。'海潜号'是埃德·林克和马里恩·林克临时的家，也是潜水艇作业的总部。林克设计了一个巧妙的起重装置，带有一个应变计控制器，能使起重缆绳始终绷紧。即使汽艇的船尾在波涛滚滚的海中忽上忽下，也能把'深潜号'轻轻放入水中。

　　"在小船下潜15米直至海底的过程中，我一直趴在领航员的脚边，透过船头侧面的圆窗往外看。20分钟后，我们轻轻地触到了珊瑚岛之间的一片沙地。

　　"埃德·林克向我打手势，要我也到密封舱里去。在水下，潜水员可以从密封舱里出来，还可以再进去。他把通向前舱的舱壁门关上，用带在船身外边的压缩空气罐给密封舱增压。当压力上升到周围的水压时，他把一个朝下开的底舱门放下，水位与门洞相平。再往下一米就是沙质海底了。

　　"我把缚着鸭脚板的双脚伸到沙质海底上，站在不及腰深的水里，头还在充满空气的密封舱里。我戴上水下呼吸器和面罩，把管口放在嘴里，弯下腰，就浮在船外了。

　　"在海面下不到60米的地方有两个海底实验室。里面不仅有进行水下修理的工作场所，还有供休息用的床铺，光线完全可以满足看书的需要。实验室里采用是补充纯氧，用化学药品除掉二氧化碳的换气方法。这个办法比用压缩空气罐更经济，也更实用。

　　"用40多分钟浏览了海底五彩缤纷的珊瑚礁的迷人景色后，我们先是返回到'海底出租汽车'里，之后升上了海面。我离开的时候，有一个深刻的印象：埃德以及其他和他一样的先驱者已经使我们有可能开发海底尚未开发的巨大资源。"

布劳恩对潜水运动一直保持很高的兴趣，也许是这种运动满足了他不断接受挑战的心理，也可能是能给他的航天器的开发带来许多好的灵感吧！

潜水运动还让他对人类海底生存产生了遐想。他说："在海底建立居住点，潜水员就可以一次在海底工作、生活几个星期，甚至几个月。这样给海洋开发会带来非常大的好处。

"居住点可以设计成水下实验室和旅馆的结合体。在这方面，它很像空间站。两者的用途是一样的，但是空间站以高速度绕着地球转，而居住点通常是在一个固定不动的位置上。

"原来，我们的载人空间计划的目的是要知道宇航员能否在空间生活和活动。同样发展海洋居住点是要查明潜航员能否在海底生活和活动。现在，私人工业和科学机构，还有美国海军，都已经研制并建造出居住点和往来于居住点之间的各类潜水艇和潜水器。

"从 1970 年起，他们已经开始着手兴建一些大胆的工程，包括男女工作人员一次能在海底停留好几个星期的居住点。

"我相信，所有这一切探索性活动，将使海洋成为食物、矿物和能量的来源，并取得巨大成果。"布劳恩说。

"不出几十年，"布劳恩说，"人类食物供应的 25% 将来自海洋，而不是像现在的才 2%。各种超级技术，包括空间卫星的利用，水产养殖人员将开展杂交、遗传学、营养等方面的试验，将有可能培育出具有高度营养价值的超级品种的鱼和许多海产品；其他，包括后勤系统、运输、冷冻和冷藏等方面，将会有很多的保持鲜美的方式把这类食物安全地运送到最遥远的地区。

"我们将发展多种超级牡蛎和超级虾。有些品种是专门趁鲜消费的，其他的则用于做罐头或以别的方法进行加工。

　　"将来在海洋里培养最理想的品种，几乎像在农场上养牛一样有控制地进行饲养，提高品种质量，使其变得特别经济，并适合于特定地理地区的特定食物要求，是可行的和切合实际的。

　　"以上这一切都有极大的发展前景，会带给全人类一个最美好的未来！"他最后说。

从各种探索中寻找灵感

对布劳恩来说，和空间计划有关的一切，不管是过去的还是现在的，都是探索。没有任何东西是一成不变的。一旦墨守成规，势必裹足不前。一切都在变化，如果空间科学家停滞不变，他们就无事可干了。布劳恩从少年时代在西里西亚山坡上漫步，探索者的思想开始成熟的时候起，一直都是这样做的。

因此，每天早上从起床的时候起，他就开始从事探索。不管是在白天办公或开会期间，还是在去远方的城市出席会议的飞机上，从不停歇。也有很多场合，他喜欢独自一个人，以各种奇特的方式进行深沉的探索性思考。

有一次，有人问他，被海因里希·希姆莱的黑衫党卫队抓去后，他在监狱里有何感想。他说："过不了一会儿，我几乎就喜欢起那个地方来了。我有很多时间可以进行思索，环境很安静。"

任何形式的探索，例如，参观考古发掘遗址、探究古代遗迹、学习有关野生动物栖息地的知识、在北极冻土带进行挖掘，以证实那里有永久冻土等，对布劳恩都是有意义的。这种探索是重要的，它能显示出人最卓越的才能，它能激发起人工作的劲头，并驱使他去进行创造。

当有人问他美国的第一颗空间卫星该起什么名字时，他当即建议命名"探险者号"。1958 年这颗卫星顺利进入轨道以后不久，他成了著名的探险者俱乐部的一员。他把第二代空间探测器命名为"先驱者号"。这两个名字，"探险者"和"先驱者"，都是和布劳恩的名字，实际上也是和他的探索生涯紧密联系在一起的。

露特·冯·绍尔马是布劳恩亨茨维尔时期的亲密朋友和同事，她对布劳恩善于最大限度地利用每一分钟时间的能力总是感到十分惊讶。"依我看，他的空余时间似乎就是他干其他事情的时间，"她说道，"我清清楚楚地记得，1969 年 6 月一个炎热的星期天下午，气温几乎达到 38 度，冈特斯维尔湖上一点儿风也没有。每个人不是在水里泡凉，就是在树荫底下打盹。可是他直挺挺地躺在宽敞的游艇上任凭烈日暴晒，完全沉浸在一本希腊历史书里。后来，他爬起来，讲述希腊社会的先进思想。这是我有生以来听到过的最生动的叙述。

"当时正值第一次载人登月飞行前夕，在肯尼迪航天中心有几个星期的检验过程。在这种情况下，除了布劳恩之外，还有谁会挤出时间到希腊诸岛去做一次短时间的旅行，然后带着许多新印象，满腔热情地回去应付另一个极为壮观的场面——'阿波罗 11 号'的发射！"

布劳恩探索的大部分是针对宇宙飞行的许多地面问题。20 世纪 60 年代和 70 年代初，当美国的空间计划高速发展时，他自己在研究把空间飞行的副产品实际应用到地球上的不同途径。

他在环球旅行，从阿拉斯加到南极洲的几年中，看到人们在地震和海啸过后如何受苦受难。这种天灾经常给人类带来令人难以置信的痛苦，几乎世界的所有地区都不能幸免。没有任何别的自然灾害会毁灭这么多人的生命，还带来疾病与饥荒的极大痛苦。

布劳恩觉得，他应该探索创造一种适用于空间条件的系统的可能性，以便有朝一日能有效地进行地震预报。医疗卫生和许多其他有益于社会的有关科学，已经从空间探测中得到很大的好处。这些方面也变得越来越有可能。

布劳恩以他惯有的干劲和精力，开始攻读有关地震的论文和地球火山灾害史。他很快就发现，长期以来，世界遭受地震灾害十分严重。就美国来说，两次最大的地震灾害，1906年旧金山和1964年耶稣受难日的阿拉斯加地震，就分别夺去大约500人和115人的生命。当然，物质上的破坏也是极为严重的。

然而，给他印象更为深刻的是，世界上的其他国家发生过损失几万人，甚至几十万人的地震。1556年1月24日中国陕西省的一次地震，大约死了80万人。1755年11月1日里斯本地震，大约死了60000人。1908年意大利墨西拿地震死了50000人。20世纪60年代和70年代初，远东和智利、秘鲁多次地震，死了数以万计的人。

布劳恩还注意到，许多地震学者正在公开讨论今后几年中加利福尼亚地震活动增加的可能性。在与地震学者的讨论中，他还了解到，他们测量火山活动和地震活动的古老方法很不方便，而且在许多情况下只能在天气好的时候进行。

当前，科学家们使用所谓"测斜器"和重力仪，测量出在火山口里面和地震断层附近预示有警告性活动的细微重力变化。但是问题在于，通过对仪器的直接观察，要提供连贯的读数通常是不可能的。科学家们可能受到恶劣天气、积雪太厚、北极之夜、因大气干扰而造成的无线电发射效果不良和其他不利条件的阻碍。

布劳恩则认为，一个卫星系统可以连续不断地处理来自这些仪器，也许还有来自其他改良仪器的成千上万种记录，不受气候的影响。

阿拉斯加大学的罗伯特·梅里特教授对布劳恩说，如果他能设计出一个卫星地震报警系统，那"将是送给人类的一件受欢迎的礼物"。爱闹地震的加利福尼亚州的众议员威尔逊说："让我们动手干吧！"

1974年，布劳恩第二次访问阿拉斯加时，又一次接触到许多火山地带。有一次，飞机在内陆西南无人区上空飞行时，他指着舷窗外，对旁边的人说："有这个机会在这美丽的阿拉斯加州上空自由飞翔，俯瞰巍巍群山和冰川之间裂着大口的峡谷，但我知道就在那下边，沿着那似乎是平静的、鲜花盛开的冻土带，沿着那浪花飞溅的河流和寂静的森林，人们住在临时棚屋和村庄里，交通不便，要解除他们的痛苦，必须用现代通信卫星，特别是能帮助他们预报地震的卫星，以及震后可以用作安排救济和外来援助的工具的卫星。"

他的探索在继续着。1974年底，他在给阿拉斯加州长的建议信中，附上一份关于卫星地震报警研究潜力的简单提要。他最初的想法是要鼓起对这种意见的可行性进行初步研究的兴趣。他没有公开表明这种事情可以马上干。地震学者和其他专家需要进行长期的调查研究。但是他极力主张，初步的探索应该尽快开始。

关心空间事业的圣迭戈众议员鲍勃·威尔逊听说了这件事，这位老资格的议员说："考虑到它可能意味着能拯救千万人的生命，布劳恩博士的建议意义是重大的，我们的空间计划花的每一分钱都是有价值的，他的建议就是一个光辉的范例。"

他接着说道："长期以来，批评家们一直为空间冒险到底值得花多少钱的问题争论不休。但是，在此期间，超级技术发展起来了，空间计划有大量有用的技术副产品……让我们利用空间计划所产生出来的技术、设备和智能，并运用它们来探讨布劳恩博士的意见吧！这是有百利而无一弊的。"

另一次面向空间而在地球上进行的探索是布劳恩的南极"研究之行"，真的到了南极。这次探险是在 1967 年 1 月进行的，是因为国家航空航天局的领导想要让它的科学家熟悉和月球上相似的极端情况而进行的。让设计阿波罗器材的人们在地球上尽可能充分熟悉一种恶劣环境，是很重要的。于是，布劳恩打算探索宇航员面临的全部问题，从试吃航天食品到穿航天服、参加水下漂浮和失重飞行试验。

要了解宇航员在月球上，或者因计划外着陆或在紧急情况下落到地球上的荒凉地带会遇到什么情况，到南极洲的前哨基地去看一看似乎有些好处。布劳恩发现，这次体验确有意义。他为《大众科学》杂志写了一篇文章谈道：

"把月球飞行器或月面钻机送上月球之前，先在南极洲进行试验，可能是精明的做法。把自动生命侦测设备送上火星之前，先在南极洲独特的干谷里进行试验，也许是一个好主意。我认为，更重要的是，我们在南极洲的活动为空间探索的全过程提供了课堂。这就是我到南极洲一星期的印象，我是作为国家航空航天局小组的一员去的。

"我们到那里去，看看人在地球的真正最后边界上进行的活动能为空间计划学到些什么。南极洲有大气，月球上没有。在月球上，不能用风雪大衣代替宇航服，宇航员也不会遇到暴风雪和乳白天空的危险。尽管如此，这两个地方还是有许多共同之处。"

他说，两种计划的主要目的都是科学研究。这种研究有赖于远程、复杂、昂贵、不易受破坏的后勤供应线。其研究收获，除了科学知识之外，涉及探测的一切方面。

最有价值的收获之一将是每年都可以产生一批富于探索精神，经受过南极环境的艰苦锻炼，体验过互相配合的人才，而这种互相配合是在一切重大的努力中每天所必需的。最后，无论在南极洲还是在宇宙空间，试图探索新边疆的都不止美国一家。

国家航空航天局南极组在这次访问中走了不少地方。他们以美国的"入口港"和主要供应点麦克默多站为中间集结基地，访问了新西兰附近的斯科特站和美国的其他5个站。他们在阿蒙孙—斯科特站过了一夜。在那里，布劳恩给朋友写了一张美术明信片，上面画的是一群友好的企鹅。他在明信片上写道："在南极向你问候。韦纳。"

这次南极之行使布劳恩接触到庞大的国家南极计划的日常现实。这个计划和空间计划一样，是由一种"奇妙的人在非常美丽而又十分严酷的环境中实施的"。

"学到的东西是零碎的，"布劳恩写道，"从我们所看到的整个活动情况中，也许能产生出一些办法，使我们的空间计划节省时间和金钱并避免挫折。"

有代表性的美国南极站的研究范围很广泛，如无线电波传播、高层大气研究、冰川学、微生物学等。科学家的活动和需要由南极站的一位科学领导人进行协调，这位领导人对国家科学基金会南极计划处负责。

但是，科学家的福利和在紧急情况下的自身生存则依靠美国海军。南极站的建造、保养、供应、通信联络、空中运输，都是海军负责的。因此，每一个大的南极站都有一名负责军官，他代表南极洲海军支援队司令官，负责照顾全体人员的安全和补给。遇到紧急情况时，由他和南极站的科学领导人共同做出决定，并由他全权指挥。

布劳恩怀疑，在用于天文学研究的航天站里，如果生命保障系统开始出毛病，问题会大大不同吗？也许将来的航天站也应该有一个科学领导人和一个负责军官——一名经过航空和载人航天训练的宇航员。

据了解，南极站的最大危险是火灾。每个站除了有火灾报警系统和灭火器以外，在大约一两百米外还设有一个简单的"撤退帐篷"，里面有收音机、食物供应、炊具和睡袋。这样，即使总站被火灾烧毁了，人员也能安然度过两星期的暴风雪，直至营救队赶来。布劳恩心想，这在月球上不也是个好办法吗？但载人航天站的"撤退帐篷"又支在哪里呢？

他在南极所看到的最新式棚屋，完全是在美国建造和装配好的，它和早期在现场临时钉起来的棚屋不同。实质上，这种新式棚屋是特别绝热的无窗户的住宿拖车。靠推土机的帮助，它完全埋在冰雪底下。从外面只能看到入口、一个小烟囱和几根天线。管道和线路都已经事先安装好，甚至连起居室墙上的美女照片，似乎也是在拖车空运到现场之前就贴好的。

布劳恩心想，把一个站装运到严寒的地方去之前，尽可能把它装配完善，这办法用于空间似乎也是不错的。"我们也学到不少有关地面车辆的知识，"布劳恩说道，"我们获得了有关车辆设计和不同功能的零碎知识。乘车的人穿着肥大的衣服必须能爬进爬出。主要部件发动机和履带，必须是人穿着北极服才能够更换的，车辆必须是可以牵引的。最重要的是，不同用途要有不同车辆。"

南极洲为空间计划提供了其他的启示——在研究方式、人才选择和坚强意志方面。自 20 世纪 60 年代初期以来，麦克默多站的多普勒跟踪站每月记录到 700 多次卫星的无线电发射。伯德站定期收集来自一些美国卫星和加拿大卫星的资料。在极轨道和近极轨道上的卫星，每一圈都通过南极洲。

离麦克默多站和英国皇家学会动植物繁殖区不到 160 千米的地

方，是原来被冰川覆盖的"干谷"。由于最近几个世纪降雪量减少，冰川消失，露出了大片处女石和布满卵石的土地。以有机体形式出现的生命，由于风和鸟粪的传播，刚刚开始扎根生长。"这里，"布劳恩说道，"是试验在其他星球上探测生命踪迹的理想环境。"

布劳恩和往常一样，从这一次最为异乎寻常的旅行回来之后，精力充沛，热情洋溢。他的探索欲又一次得到了满足。在事后的几个月里，当他回忆这次旅行的时候，他的头脑里已经产生了大量的崭新哲理和许多崭新的、清醒的想法。

他对许多不同领域知识的鉴别能力，的确对他在空间计划中所取得的全面成绩起了重大的作用。当他被请去建造首次把人送上月球的庞大机器时，他已经充分地做好了一切准备。

制造最大的运载火箭

　　世界真正进入航天时代的标志是苏联宇航员尤里·加加林环绕地球飞行，那天是 1961 年 4 月 12 日。

　　正如布劳恩等科学家所预料的，美国政府对苏联的胜利很快就做出了反应。5 月 25 日，肯尼迪总统在国会上发表讲话，他说："美国应保证在这个 10 年中，把一个美国人送上月球。"肯尼迪提出的登月计划就是后来著名的"阿波罗计划"。

　　在登月计划开始之前，需要进行一系列载人航天飞行。载人航天是以水星计划开始的，布劳恩的团队一开始就介入了这个计划。他们制订了一个分三个阶段的飞行试验计划。

　　第一阶段，用"红石"导弹把人送上弹道；第二阶段，用"丘比特"导弹把人送入更长的弹道；在最后一个阶段，阿特拉斯洲际弹道导弹把载人航天舱射入轨道。为了对航天舱及其降落伞系统进行初步试验，将使用一组"小兵号"固体燃料火箭。

　　水星计划的基本任务是把一个人送入轨道，试验他在空间的活动能力，并使他安全返回地面。对这种航天器规定了严格的要求。它必须有一个可靠的脱离系统，万一在发射之前、发射过程中或发射之后发生事故时，可以把驾驶员救出来。

这种脱离系统必须是驾驶员可以控制的，能在水上降落。它载有能使它离开轨道开始返回地球的制动火箭。着陆不是靠滑翔。它将沿着弹道下降，最后降落伞展开，以控制其降落。

这个计划开始时举棋不定，一拖再拖，试验遭到一连串失败。全美国都在期待着水星计划的成功，期待着美国赶上已经在许多方面领跑的苏联人。苏联的空间壮举可以说是接二连三。美国为了击败苏联，动员了大量资源和优秀技术力量。但是因为国家航空航天局机构变得越来越复杂，越来越庞大，水星计划反而被忽略了。

直至 1960 年春天，第一次发射才准备就绪。这就是"MA-1"或称为"水星–阿特拉斯 1 号"。密封舱于 5 月 23 日运到肯尼迪航天中心，但是无数的技术困难使发射拖延到 7 月 29 日。

终于，在这一天上午 7 时 25 分，老天作美，着陆地区的天气不错，回收船和回收飞机报告，能见度为 8000 米，海浪不大。第一次发射要达到的目标很简单：回收不载人的密封舱，确定其结构完整性、重返大气层时的加热率、飞行特性和密封舱回收系统是否合乎要求，并使水星计划全体人员熟悉发射和回收操作。

9 时 13 分，火箭点火，"阿特拉斯号"从发射场上慢慢升起。几秒钟后，消失在云层之中，一路上发出"隆隆"轰鸣。起初一切似乎都很好，接着又全都出了毛病。

起飞后一分钟，失去了与"阿特拉斯号"的一切联系。通信和其他记录仪出现了很大的空白。在所有的仪表读数消失之前不久，燃料和液氧箱之间的压差降到零点。显然，"阿特拉斯号"不是爆炸，就是发生了灾难性的结构损坏。飞行器在距海岸大约 11000 米地方掉进海里，无法回收。

1960 年 11 月 8 日，在弗吉尼亚州瓦洛普斯岛发射"小兵 5 号"

火箭。"小兵5号"载着"水星密封舱3号"，用"小兵5号"作为密封舱样品的首次合格检验飞行，试验从高空重返大气层，并模拟宇航员在起飞早期阶段万一发生故障时遇到的同样情况，这已经计划一年多了。

试验成功的希望只持续了16秒钟。当助推器还在猛烈燃烧时，脱离火箭和应急脱离塔的抛投火箭都过早点了火。在整个弹道飞行过程中，助推器、密封舱和脱离塔紧紧连在一起，着陆时撞得粉碎。

这次失败以后，其他问题成了堆。11月21日发射"MR-1"再次失败，外界对水星计划的信心降到了最低点。

商业报刊发表社论，说这个计划的方向错了。但是，国家航空航天局继续干下去的劲头是什么也阻挡不了的。当时航天局来了一位新局长詹姆斯·韦布，他决心把水星计划干到底，直至取得圆满成功。试验故障和失败，布劳恩早已司空见惯，在任何一个火箭发展计划中都发生过。不必感到绝望，但是必须更加苦干，要付出更大的努力，要有更彻底的献身精神。这对于布劳恩也不是什么新鲜的东西。

1961年5月，一枚"红石"火箭把艾伦·谢泼德中校发射出去，进行亚轨道飞行，使他成了美国第一个在宇宙空间飞行的人。两个月以后，弗吉尔·格里森少校进行了同样的飞行。

继谢泼德和格里森的飞行之后，在1962年2月20日，即尤里·加加林成功地绕地球的10个月后，海军陆战队上校小约翰·格伦登上"MA-6"时，成功地绕地球飞行。

水星计划中继续出现事故和麻烦，但是计划中的所有载人飞行全都成功地实现了。

水星计划证实了美国航空航天局走的路子是对的，强有力的载人空间计划可以而且应该继续进行下去。下一个计划是双子星座计划，这个计划实际上早在 1961 年 12 月 7 日就已经宣布了，它是水星计划的延续。

执行双子星座计划，是为了在水星计划和阿波罗计划之间这段时间内，推进美国的载人航天能力。简单地说，双子星座计划的目标是实施必要的发展和试验计划。例如，证实长时间航天飞行的可行性，至少达到完成月球着陆任务所需要的时间；完善为实现两个航天器在轨道上会合和对接的技术和程序；取得精确控制重返大气层和着陆的能力；证实舱外活动能力；提高飞行人员和地勤人员在载人航天飞行中的操作熟练程度。

设有两个乘位的"双子星座号"航天器和"水星号"的密封舱一样，也是圆锥形的，但是更重、更大，比"水星号"宽敞一半，需要一枚 19 万千克推力的"大力神 2 号"运载火箭把它送入轨道。同时，"双子星座号"也复杂得多。

从 1964 年 4 月 8 日至 1965 年 12 月，在肯尼迪航天中心发射了一系列不载人和载人"双子星座号"都获得了成功。

其中，"双子星座 7 号"成功飞行 14 天。在飞往月球表面并且返回地球的这段时间内，飞行人员和航天器令人满意的表现，消除了之前的许多质疑。此外，"双子星座号"的飞行使人们对飞行人员能圆满执行时间更长的飞行任务充满信心。

更加激动人心的成就之一是成功地发展了两个载人的航天器在轨道中会合的种种技术。在空间实现会合的能力是阿波罗计划成功的基础。在"双子星座 7 号"以后进行的每一次飞行，其主要目标都是为了会合。"双子星座 7 号"一共完成了 10 次会合，使用了 7 种不同的会合方式或会合技术，实现了 9 次飞船与目标飞行器的对接。

在双子星座计划中，确实也出现过许多"近距脱靶"技术问题和设备故障。从一次飞行至下一次飞行，设计上往往有许多更改，但是整个计划是十分成功的，它确实给全面的载人航天计划带来了巨大的希望。

正当公众注目于水星计划和双子星座计划的同时，在马歇尔航天中心，布劳恩的团队在发展首批"土星号"运载火箭方面也取得稳步进展。国家航空航天员和国防部联合组成的"土星号"火箭审定委员会，从4个轮廓草图中挑选了一个"土星 C-1"，后来简称"土星1号"，于1959年12月开始研制。

鉴于"土星号"运载火箭用途的性质，空间科学家们称之为"运载工具"。

至1961年，已经确定用"土星1号"作为新的3乘员载人宇宙飞船的实验用运载器，飞船暂时定名为"阿波罗"。

第一枚"土星号"命名为"SA-1号"，于1961年10月27日在卡纳维拉尔角发射升空。1964年5月和9月，"SA-6号"和"SA-7号"又分别成功把模拟的阿波罗密封舱送入轨道。

这两次飞行表明，飞船和运载工具配合良好，代表着当时美国推力最大的火箭运载工具获得空前成功。

在"土星 SA 系列"火箭之后，布劳恩又开发了推力更大的"土星1B"火箭。"土星1B"高68米，直径6.6米，满载时重650吨。火箭的总体设计由布劳恩完成。

布劳恩认为，"土星5号"要取得成功，就需要集中工业界最优秀的工程设计和管理才能。把整个工程分成若干部分，分包给那些有较高资质的承包商，就可以使更多的高级人员为这个计划出力。

布劳恩为承包商制定了技术标准和质量要求，并严格验收。他经常警告大家，不能有任何粗心大意，要保持一切管道、阀门和燃烧室的清洁。他要求全体工作人员和承包商每项工作都要像瑞士手表那样准确，不能出现任何差错。

北美航空公司、波音公司、克莱斯勒公司等都是火箭制造的主要承包商，他们对布劳恩的敬业精神深有感触，也深表敬佩。

"土星1B"火箭研制工作进展有序而快速，1965年4月1日，在亨茨维尔首次进行第一级的试射。两个月以后，在加利福尼亚州萨克拉门托，第二级也在测试设备上通过了验收。

1966年2月26日，"土星1B"火箭带着一个不载人的阿波罗航天器在肯尼迪发射中心进行了首次亚轨道飞行，达到了预计高度。"土星1号"和"土星1B"虽然已经是庞然大物，但是要把3名美国人送上月球，还需要更加强大的运载工具。

马歇尔航天中心里，数以千计的工程技术人员在布劳恩的带领下又开始了"土星5号"的研制工作，这是准备把美国人送上月球的运载工具。

"土星5号"是种三级火箭，整个"土星5号"装配好后总高度达110米，加注燃料后总重量290吨，可以把重约50吨的飞船送上月球，或把150吨的载荷送入绕地球轨道。整个火箭系统及其地面辅助设备、零件达900万个。

为了容纳巨大的运载工具，必须在肯尼迪航天中心建立同样巨大的设备。54层160米高的垂直装配大楼，是世界上最大的建筑物。里面有4个巨大的隔间，可以同时竖起4枚运载火箭及其航天器，并进行装配。

1967年11月9日，"土星5号"高高耸立在发射台上，阿波罗指挥舱、服务舱和模拟登月舱等也都准备就绪，就等着发射了。

上午7时，随着倒计时完毕，"土星5号"腾空而起，飞行过程中，火箭的每一级工作性能都完美无瑕，包括第三级的两次点火，把指挥舱加速到每小时40000千米，这是模拟它从月球回来时将达到的速度。

　　起飞 8 小时 37 分以后，指挥舱在距离夏威夷大约 965 千米的太平洋上降落，并且安全回收。126 吨的有效载荷也打破了以前的一切纪录。

　　在"土星 5 号"研制成功以后，登月舱也在同时进行改进和完善。12 月 25 日，也就是圣诞节那天，布劳恩和他的团队在卡纳维拉尔角成功发射一枚"土星 5 号"运载火箭，把弗兰克·博尔曼及其乘员组驾驶的"阿波罗 8 号"送入绕月飞行轨道，这是人类有史以来离月亮最近的一天。

实现登月梦想

1969 年 7 月 15 日，布劳恩休息时，用一个小时的时间检查第二天早上的发射程序表。这一次一切都和以前大不相同。他只穿件衬衫，盘腿坐在地板上，望着窗外。

佛罗里达的夜晚，湿热而漆黑。他打电话给他的老朋友和同事，肯尼迪航天中心主任库特·德布斯，祝他明天好运，并核对了一些不很重要的细节。最后他才上了床，仰卧着，在这不寻常之夜，闭着双眼做祷告。

布劳恩睡得不大好，天没亮就起床了。他的心思早就飞到几千米外的肯尼迪航天中心去了。在那里，巨大的"土星号"月球火箭笔直地矗立在发射架上，它将要去进行人类历史上最富有划时代意义的巨大冒险，让人类首次在月球上登陆。

肯尼迪航天中心已聚集了大批的人。清晨 4 时，布劳恩来到了发射控制中心。电梯把他送上巨大的控制室。库特·德布斯在那里指挥着一个 50 多人的团队。他们坐在一排排的仪表板后面，透过仪表板监视着 6000 米外巨大航天器的每一个活动零件。

他很快就找到了库特·德布斯，得知发射准备进展顺利。在邻近一间用玻璃围起来的小房间里，他戴上了收送话器，调节了耳机，审视了高挂在他面前的几个电视屏幕，又看了看在他跟前的几个刻度盘，马上进入倒数计时。

这是一个令人焦急不安的时刻，但是每一个的操作都高度专业化，进行得井井有条。

在离发射场大约6000米外，来自世界各地的要人云集于此，急匆匆地在看台上各自找着座位。前总统约翰逊也来了。还有206名众议员，30名参议员，19名州长，49名市长，联邦最高法院的法官和政府的部长，69名大使，102名外国科学使节和武官，来自全世界的大约3000名记者，还有成千上万的美国公民。

他们全都意识到，自己即将目睹重大历史事件的发生。火箭发射要么成功，要么失败，甚至可能在众目睽睽之下在发射台上爆炸。

布劳恩以前发射过的所有"土星号"火箭，工作性能都是完美的，没有任何瑕疵。但是这一次的任务却非同一般，它要一直飞到月球表面上，然后再成功返回地球。这整个任务所包含的内容远不止发射阶段，也许还有其他环节隐藏着未知的问题。

激动人心的时刻就要到了，电视屏幕上显示，3名宇航员稳步走下高高的人行栈桥，进入高大火箭顶端的指挥舱。控制室里的气氛更加紧张起来。离发射只差几分钟了！

通信员的声音开始进行最后的计数。"10——9——8——"接着，"土星号"火箭第一级的5台发动机以巨大无比的推力猛烈地冲击着发射台。这一推力等于1.8亿匹马力，或者大约相当于北美洲全部河流发电总量的两倍。

气势雄伟的飞船徐徐上升，后来加快了速度。发射控制中心距离发射台6000米之遥，起初听不到巨大的轰鸣声。不一会儿，轰鸣声传来了，充满了整个控制室。当巨大的白色火箭升得越来越高时，有些人担心，5 台发动机发出的"噼啪"声会把发射控制中心的窗玻璃震破。

渐渐地，火箭消失在云层中。广播宣布，一切系统正常。这意味着整个火箭系统的成千上万个部件，全都在正常地工作着。由布劳恩和政府与工业界的 15 万名工程师、科学家设计和研制的，由 8000 家美国公司制造的零件组装起来的巨大火箭，正在飞向月球。

以后的两天中，尼尔·阿姆斯特朗、埃德温·奥尔德林和迈克尔·科林斯等 3 名宇航员，勇敢地进行着历史上最危险的太空旅行。全世界的人都心急如焚地在等待着。

在抛下"土星 5 号"的第一级和第二级，第三级第一次点火以后，"阿波罗 11 号"进入了绕地球的驻留轨道。在绕地球一周半以后离开地球飞向太空的最后决定做出之前，宇航员和地面操纵员再一次对所有的系统进行了最后检查。

7 月 16 日中午 12 时 16 分，飞船飞越太平洋上空的时候，德布斯经休斯敦飞行控制中心同意，下令再次点燃"土星号"第三级，把航天器推向超越月球的轨道。这时，布劳恩目不转睛地注视着。飞船的工作情况极好。当"分秒不差"准时停车得到证实时，整个发射控制室充满了欢乐的气氛。

另一个紧张时刻是中午 12 时 40 分。这时下达了指挥和服务舱脱离"土星 S-4B"火箭的命令。宇航员掉转航天器的方向，把月球着陆飞行器即登月舱从火箭上摘下来。由"哥伦比亚号"指挥舱和"小鹰号"月球飞行器组成的联合飞行器，继续向月球做惯性飞行。宇航员继续在宇宙空间进行无动力飞行时，布劳恩正在赶往休斯敦飞行控制中心。

飞行从 7 月 16 日星期三下午 14 时 15 分持续至 7 月 19 日星期六下午 13 时多。宇航员做了一些中段校正，休斯敦飞行控制中心肯定他们干得"很出色","轨道十分准确"。

7月19日星期六下午13时26分，服务舱的火箭发动机点火，把飞行器送入绕月球椭圆轨道，接着绕月球飞行了4个小时。下午17时42分，服务舱发动机再次点火，把"哥伦比亚号"送入一条精密巧妙的轨道，在离月球大约110千米的高度掠过月球。

尼尔·阿姆斯特朗和埃德温·奥尔德林睡了一夜之后，爬进了"小鹰号"。7月20日星期日下午13时42分，他们和继续待在"哥伦比亚号"里的迈克尔·科林斯分手，为即将降落在月面的蜘蛛状登月舱做准备。

这次飞行的决定性时刻到来了，全世界的人都守在收音机和电视机旁。

下午15时12分，"小鹰号"下降发动机点火，飞行器开始向月面降落。飞行控制中心里的闪光灯不停地闪烁，表明登月舱在不断减速，正在向月面做弧形飞行。

但是在距离月面一定高度的地方，闪光灯停滞在一个地方。虽然还在不停地闪光，但是下降速率停止了！对布劳恩和飞行控制中心的人来说，这最后的几秒钟是极为痛苦的。

"小鹰号"在很低的高度上盘旋，阿姆斯特朗还在设法把飞行器驾驶到没有小卵石的地区，下降阶段的燃料储备已经降低到危急的程度。

"这里是静海基地！'小鹰号'已经着陆！"阿姆斯特朗的声音打破了沉寂，此刻是下午16时19分。这简直是令人难以置信的，然而却是千真万确的事实。安装在"小鹰号"外面的电视摄影机向大吃一惊的世界证实，这不是神话。

飞行控制中心充满了欢乐，坐在控制台后面的每个人都拿出一面小小的美国国旗，人们的眼睛湿润了。

科林斯驾驶的"哥伦比亚号"继续在上空盘旋。阿姆斯特朗和奥尔德林则在"小鹰号"里面待了好几个小时。他们向休斯敦不断报告他们透过飞行器的窗户所看到的东西，后来，他们开始检查重新安全地升入轨道所需要的一切复杂系统。最后，他们为走出飞行器，踏上月球这一历史性时刻做准备。

1969 年 7 月 20 日美国东部夏令时间 22 时 56 分，阿姆斯特朗站在飞船舷梯最下面的一级阶梯上，伸出他那穿着靴子的脚，在月球上踩出了人类的第一个脚印。接着，他说了一句富有哲理的、不朽的话：

> 这一步，对一个人来说，是小小的一步；但对整个人类来说，却是巨大的飞跃！

27 分钟以后，奥尔德林也走出登月舱。当他走到月面上时，第一句话就赞叹说："啊，太美了！"他也像阿姆斯特朗一样，很快学会了地球人不习惯的移动方法——跳跃。他俩时而用单脚蹦，时而又用双脚跳，有些像袋鼠。

两人在月球上放置了一块金属纪念牌，上面镶刻着："1969 年 7 月。这是地球人在月球首次着陆的地方。我们代表全人类平安地到达这里"。

此时，奥尔德林和阿姆斯特朗在月面上的活动成了前所未有的最热门的电视节目。两个宇航员在月面上来回走动，开始进行科学实验，他们调节着电视摄影机，把月球风光传回地球。

太阳照在月球上，太空却漆黑一片。月球水平线的弧形，和身穿闪闪发亮宇航服的宇航员一样，白得耀眼，而两个人和"小鹰号"投下的影子是黑的，形成了鲜明的对比。

当时，全世界都看到宇航员在月球的土地上插上了美国国旗，并且为之欢呼。接着，总统通过无线电话对宇航员讲话。

阿姆斯特朗和奥尔德林在月面上待了两个半小时，收集了20000多克月球岩石，在放置了一些科学仪器之后，他们离开了寂静的月面回到飞船里，把舱口密封好以后就开始呼呼大睡，养精蓄锐，准备踏上返回地球的旅途。

7月21日星期一下午13时55分，登月舱将严格按照预定时间从月球上起飞。飞行控制中心用无线电向月球发出电报："'小鹰号'，准备起飞。"

阿姆斯特朗用航班机长的行话回答道："明白了，我们立即起飞。"接着，他按动电钮，"小鹰号"就飞离了美丽而神秘的月球。

当时就在尼尔·阿姆斯特朗身边的奥尔德林后来私下对布劳恩说，当时他听了尼尔的回答觉得十分好笑，竟然忘了按启动钮，当然后来很快得到纠正。经过4个小时的谨慎驾驶，校正位置，"小鹰号"和"哥伦比亚号"对接成功，科学家们称之为完美的航天会合，之后3名勇敢的宇航员驾驶飞船飞向地球。

许多有影响的领导人、科学家和评论员极尽褒奖之词：历史上最伟大的成就，人类最美妙的时刻，人类史上无可比拟的功绩等。美国总统尼克松说："这是自上帝创世以来世界历史上最伟大的一星期。"

把阿姆斯特朗、奥尔德林和科林斯3名宇航员送上月球，并载着他们返回地球，大约用了一星期时间。7月16日清晨，他们乘坐"阿波罗11号"航天器从肯尼迪航天中心起飞；7月24日清晨，航空母舰"大黄蜂号"在夏威夷西南方1900多千米的太平洋上进行回收，接到了他们。

"阿波罗11号"完美的月球之旅终于圆了布劳恩儿时的梦想，

这位阿波罗飞行的总设计师，运载火箭的发明人，从此时起便被人们誉为"现代航天之父"。

数以亿计的人在电视机上注视着"阿波罗11号"飞行，通过收音机收听着从月球上发来的宇航员的声音，全世界都为之轰动。

教皇保罗六世在梵蒂冈天文台看电视的时候，举起手，高声说道："荣耀属于至高无上的上帝，愿全世界善良的人们安享和平。"

捷克斯洛伐克发行了特种纪念邮票；波兰人在克拉科夫体育场举行了飞行塑像揭幕典礼；全世界都发出了良好的祝愿。"不，这不只是本世纪的重大事件，"《解放了的巴黎人报》写道，"这次冒险是自从地球出现人类150万年以来最激动人心的事业。"

尼克松总统看完"阿波罗11号"起飞的电视节目后几小时，签发了一项公告，宣布了一个全国参加月球探险日。

"'阿波罗11号'正在飞往月球，"他在公告中写道："它载着3名勇敢的宇航员，还载着地球上亿万人的希望和祷告。对地球上的人来说，踩上月球的第一步，将是一个无比激动人心的时刻。人类还从来没有进行过这种史诗般的冒险。"

对于人类征服月球的重要意义，以及这种征服在人类渴望和平和进步方面的重要性和结果，时间会做出证明。但是，没有人会怀疑，1969年7月20日是迄今为止人类历史上最重要的日子之一。

宇航员还在返航途中时，就有人问布劳恩和国家航空航天局的其他科学家们，美国的空间计划下一步怎么走。有人谈到了复用航天飞机和巨大的航天站。

但是就当时而言，更重要的似乎是，1969年还要再进行一次阿波罗飞行，1970年至1972年也许还要进行8次至10次飞行。因此，大家为"阿波罗11号"的飞行员安全归来高兴了一阵之后，布劳恩、国家航空航天局的工程师和技术人员以及航空航天工业界，立即着手为计划中的 11 月份"阿波罗 12 号"飞行做枯燥乏味的准备工作。

在政治家们看来,"阿波罗 11 号"是一个极为重要的顶峰,是宣传上的胜利。但是在布劳恩、科学家们和全世界热心空间科学的人们看来,这仅仅是一个开端。

"阿波罗 11 号"飞行对科学界的价值是重大的。但是全世界的实验室和科学研究机构要对科学证据进行充分评估,做出充分解释,还需要更多的岩石样品,还需要进行许多试验。

光是对月球上的第一批岩石做出结论性的分析,就得用好几个月时间。单凭这一次取样,他们还不能断定,整个月球到底是由什么组成的,有多大年龄,是如何形成的。因此,对这些科学家来说,进行更多的阿波罗飞行是完全必要的。

在政治家的眼中,人类在月球上着陆意味着一场大规模的国际宣传战的结束,也意味着在征服宇宙的竞赛中,美国已经对苏联取得了决定性的胜利。

11 月 19 日,"阿波罗 12 号"再次登月,并成功地完成了前所未有的准确着陆。

"阿波罗 11 号"的任务主要是工程学方面的,研究和试验把人送上月球并使他们返回地球的运输系统。科学家们希望通过"阿波罗 11 号"找到一些问题的答案,例如,要制造能远途飞行往返于月球和地球的飞船,包括要在月球上安全着陆,在月球的恶劣环境中生存,从月面上起飞而对宇航员没有危险等,技术和实际知识是否完全具备?宇航员能在月球上安全行走吗?他们能与地球联系吗?他们能在那儿进行工作吗?

对这些问题和许多其他类似问题的回答都是肯定的。因此,后来的一系列飞行越来越注重科学探测,"阿波罗 12 号"则是其中头一次。"阿波罗 12 号"的宇航员在月球上进行了很多科学实验和工作，停留的时间比"阿波罗 11 号"的飞行员长一倍半。宇航员康拉德和比恩在月球上共待了 31 个小时 30 分钟。

宇航员在月球上待的时间虽然长，但工作计划还是安排得很紧。建立起一个科学实验室，由 5 台高精尖研究仪器组成。这些仪器在大约一年之中可以把有关月球的资料送回地球。他们收集了大约 45000 克岩石和土壤。

科学家们检验了这些样品，从中寻求月球和太阳系起源的线索，认为这些"文献性"样品，比起"阿波罗 11 号"飞行员随便挖取的"大块"样品来，其研究价值要大得多。

"阿波罗 12 号"飞行给人印象最深刻的是，在预先选定的着陆地点准确着陆。登月舱"勇猛号"着陆的地点，离两年多以前即 1967 年 4 月 20 日"勘测者 3 号"装有仪器的月球飞行器着陆的地点不远，步行可达。

宇航员对这一月球飞行器进行了仔细检查，并把它的一些零件带回到地球上来，为科学家们认识月球环境对飞船金属器件的长期作用提供了大量资料。事实证明，这对以后航天设备的设计具有巨大的价值。

"阿波罗 12 号"的指挥舱"扬基式快船号"安全返回地球时，人们照例热烈欢迎英雄的宇航员胜利归来，包括晋升、通令嘉奖、颁发奖章、在游行中向他们抛彩带表示欢迎等。

"阿波罗 12 号"的成功，使美国 12 年狂热的空间计划达到了空前的高度。

12 月 17 日是奥维尔·赖特首次飞行 66 周年纪念日。"阿波罗 13 号"就在这一天搬出来，安放在发射架上，计划在 1970 年 3 月起飞。

1970 年是布劳恩和空间技术界的其他成员百感交集的一年。这一年是进行更多寓言般月球飞行的一年，但也是对计划重新评估、拖延搁浅、缩减经费、许多国会议员和其他官员对空间技术的热情大大下降的一年。

令人难以置信的是，1969 年苏联在这一年取得了巨大的进展。1970 年，苏联人在载人和不载人的宇宙飞行方面，在继续努力征服宇宙方面，重整旗鼓，声威大振。

1970 年，美国在空间技术方面几乎是以灾难开始的。从 4 月 13 日到 4 月 17 日整整 4 天，人们都在痛苦而焦急地等待着，想要知道飞船受到严重损坏之后，3 名正在挣扎着回家的宇航员的命运如何。

同往常一样，布劳恩曾到场对发射进行监控。"土星号"月球火箭又一次顺利地起飞了。4 月 11 日，宇航员小詹姆斯·洛弗尔、小弗雷德·海斯和小约翰·斯威加特乘坐"阿波罗 13 号"，穿过佛罗里达上空，进入天空，向月球飞去。一切都很正常，系统的情况也极好，甚至当时在肯尼迪发射控制中心和休斯敦飞行控制中心的国家航空航天局官员都预料，这又是一次常规的月球探险。

美国公众对载人月球飞行已经有点沾沾自喜，似乎到月球上去已经成了家常便饭。但是后来发生的 4 月 13 日的事件，让公众大为震惊，航天局的官员们也目瞪口呆。"阿波罗 13 号"飞船在飞行两天，离地球约 33 万千米，距离月球约 4.8 万千米时，发生了一次爆炸。

宇航员报告爆炸后不久，休斯敦的遥测接收机上显示，"阿波罗 13 号"飞船里氧气压力降低。随后，宇航员自己对板式仪表上所表明的异常情况进行了认真研究，并且开动了各种子系统，进一步证实是服务舱里一个氧气瓶爆炸。情况危急，事关生死存亡，在月球上着陆肯定不行了。

现在要紧的是宇航员能不能活着回到地球。

服务舱几乎完全瘫痪。幸好他们还和登月舱挂在一起，登月舱有自己的推进系统和生命保障系统。但是登月舱是为月面上的日晒环境设计的，而不是为通过外层空间4天航行的热环境设计的，因此如果用于返航，它的机务员舱很快就会变得太冷。

飞行人员和飞行控制中心的人员交换了意见，考虑了宇航员可利用的一切设备，最后制定了一个解决办法：用纸板和塑料包装物把空气从登月舱中通过管道输送到绝热更好的指挥舱里去。

登月舱的下降发动机本来是为人在月球上软着陆而设计的，现在却被用来把他们送回地球。采取了这一切措施以后，飞行人员和飞行控制中心的人员估计，"阿波罗13号"安全归来的可能性大约有50%。

飞船暂时还得继续向月球飞行，还有许多东西必须很好地发挥作用，指挥舱才能安全地悬挂在它的3个降落伞下面。即使如此，剩下的氧气也还可能刚好在重返大气层的紧要关头耗尽。

奇迹发生了！通过地面航天控制中心和宇航员紧密配合，4月17日，严重损坏的缺氧飞船通过修正再入大气层走廊，随后在太平洋上安全降落。

空间计划开展12年以来，这一次降落是最令人高兴的。它确确实实地证明了，载人宇宙飞行的成功不仅仅是一个运气问题，还必须有充分的训练和有力的飞行保障，飞行人员才能从近乎灾难性的险境中解脱出来。

在解决问题后的两年里，又相继进行了"阿波罗"14号、15号、16号登月飞行，均获圆满成功。

1972年四五月间，"阿波罗16号"飞行过后没几天，空间技术探索又获得重大进展。莫斯科的克里姆林宫和华盛顿的白宫，这两个自从 1957 年以来一直在空间竞赛的冷战中比高低的国家同时向全世界宣布，两国将共同完成一项载人空间计划，包括一艘"联盟号"飞船和一个阿波罗密封舱在地球轨道上接合。这种接合称为多种目的的"国际会合和对接飞行"，最重要的目标是为未来的苏联宇航员和美国宇航员取得某种拯救能力。

尼克松总统在莫斯科参加历史性的首脑会晤期间正式宣布，联合空间飞行将在 1975 年 7 月进行。实际上，在两国的科学家之间，1970 年 10 月就已经开始议论要实现这一项惊人计划。

届时，苏联将发射一座巨大的"礼炮号"不载人航天站，发射成功 3 天后，3 名宇航员将乘坐"联盟号"宇宙飞船进入绕地球轨道，并且连接在 15 米长的"礼炮号"的一端。

3 名美国宇航员将从肯尼迪航天中心起飞。当他们绕地球 15 圈飞越大西洋时，他们将把阿波罗飞行器连接在"礼炮号"的另一端上。在以后的 56 小时中，3 名美国人和 3 名苏联人将一起绕着地球转，一起工作，一起航行，一起吃饭，甚至一起睡觉。

这 6 个人将接受两个飞行控制中心的领导，一个在休斯敦，另一个在拜科努尔。来自两个不同国家的人，有史以来头一次一起在宇宙空间飞行。

布劳恩评论说："关于特殊营救飞船的谈论很多，文章也写了不少。但是分析一再表明，潜在的危险很多。只有宇宙空间的飞行器才能及时进行营救。随着双方空间交流的日益增加，在不太遥远的将来，很可能出现两国的宇航员可以互相帮助的局面。"

1972 年，布劳恩领导下的团队、国家航空航天局的实验室、空间工业界、全国的科学机构和研究中心，取得了许多大大小小的技术突破。冶金、低温学、固态物理学和许多其他方面，都取得了进展。技术期刊上经常发表航天副产品和附带意外收获的成果的报告。

整个空间事业的进步，带动了其他许多与人类生活相关的行业快速发展。

但是，在一次次成功之后，有许多人认为，航天技术只是"迷人的空间把戏"，国会已经不再热心为它拨款了，而公众则满足于已有的成就。航天事业的提倡者和航天科学家们忧虑重重，"阿波罗17号"出现在地平线上，也许意味着"一个时代的结束"。

"阿波罗17号"如果不出问题，将表明整个阿波罗计划取得彻底胜利。这对全世界未来的空间探测来说，有着标志性的意义，而对火箭工程师布劳恩本人来说同样具有重大意义。

发射日期是12月6日，"阿波罗17号"将在深夜里起飞。在阿波罗计划中，这还是头一次在夜间发射。这天，布劳恩看着高耸入云、沐浴着蓝白色的灯光，顶端装着阿波罗飞船的"土星5号"火箭，像一个雕塑家在欣赏自己塑造出来的最满意的作品。他心潮澎湃，等待这一个意义特别重大的时刻的到来。

飞行小组由两名宇航员和一名科学家组成。"阿波罗17号"计划飞行13天，是时间最长的一次。在布劳恩帮助工程师们排除了一个在倒计时阶段计算机程序方面的问题后，"阿波罗17号"飞向了夜空。

12月19日午后不久，"阿波罗17号"在萨摩亚群岛东南面的太平洋上降落。很多人认为，这次成功的冒险是"本世纪内最后一次载人月球旅行"。

但是，布劳恩乐观地说，如果我们"在10年之内又把人送上月球"，他不会感到惊奇。尼克松总统说，"阿波罗17号"是"开端的结束"，暗示美国将继续探测宇宙空间，征服宇宙空间。

阿波罗计划结束了。航天局面临的下一个挑战是建立第一个美国航天站——天空实验室，预期在1973年发射。再接下去就是航天飞机计划。

在 20 世纪 70 年代的后 5 年中，该计划将在空间事业中占支配地位。许多专家感到，在航天飞机计划不断取得成功之后，我们将进行月球探测的"下一阶段"，即在月球上建立基地和带人天文台。布劳恩说，"在未来的年代里，我们丢下月球不管，那是不可想象的。"

至 20 世纪 70 年代初，布劳恩以卓绝的努力在事业上获得了巨大的成功。但是他不准备躺在荣誉的桂冠上过日子，不准备退休或离职。他虽然已经到了花甲之年，但仍然老当益壮。他和其他人一样，对阿波罗计划取得的成果很激动，他渴望继续在航空航天这条道路上走下去，并准备以充沛的精力去迎接新的挑战。

出任助理局长

　　"阿波罗"11号成功登月以后，新的航空航天局局长佩因发现，由于技术上的成熟，现在即使没有布劳恩，不管还存在什么计划管理问题和设计改进问题，他那些同事也能把马歇尔中心很好地运转下去。

　　于是，佩因把布劳恩从亨茨维尔调到华盛顿去，任命他为代理助理局长，让他在总部负责制订未来的计划，分配给他的头一项任务就是争取使国会批准一项载人火星计划。

　　布劳恩提出让一组宇航员飞到火星上去并且返回地球的建议和设想，佩因和他的其他高级同事已经进行了仔细研究。这项计划包括一组"土星5号"火箭，它们可以把两艘诺瓦核火箭动力星际航天船的设备和燃料送入低地轨道，并在轨道上进行装配和添加燃料，然后从轨道上出发飞往邻近的行星。

　　计划还包括一个和阿波罗登月舱一样的登火星舱。国家航空航天局把这整个计划看成是一项"超级阿波罗计划"，这也是美国国家航天技术的第二代目标。

　　火星计划在许多方面是布劳恩在20世纪50年代初期就已经提

出来的建议的现代翻版。但是，在他的脑子里始终萦绕着一个问题：他真的能把这一雄心勃勃而又需要耗费巨资的计划推销给国会吗？

佩因博士、布劳恩和国家航空航天局的其他局级领导人，带着他们的详细建议出席了国会会议。布劳恩和平常一样，以他的专业知识、准确性和独特的魅力，介绍了为进行载人火星探险而认真制订的计划。

参众两院的委员会成员们满怀兴趣地听着，还问了许多问题。但他们几乎没有一个人想让美国再承担一项巨大的空间技术计划，因为阿波罗飞行的一连串成功已经向全世界证明，美国已经远远跑在外国竞争者的前头，这项超级阿波罗计划被认为没有什么必要了。

除此之外，尼克松总统对火星计划也有些心不在焉。他在争取国会批准时，没有像在 1961 年提出历史性咨文时的那股劲头。

1970 年 1 月 13 日，在国家航空航天局总部举行的一次记者招待会上，佩因博士说，他正在"修订空间计划的规模，使国家航空航天局的总开支符合 1971 财政年度所能得到的预算"。

他指出："今天我准备采取下列行动：'土星 5 号工程'完工之后，无限期停止生产'土星 5 号'运载火箭；把阿波罗月球飞行的发射间隔延长至 6 个月，在 1972 年阿波罗应用计划航天站飞行期间，月球探险推迟进行；把发射'海盗号'火星不载人着陆器从 1973 年推迟到 1975 年的下一次火星机会。

"我们已经宣布关闭马萨诸塞州坎布里奇的电子研究中心。我们估计，为国家航空航天局的计划工作的美国人总数，将从 1970 财政年度结束时的 19 万人减少至 1971 财政年度结束时的大约 14 万人。"

佩因博士接着概述了国家航空航天局将怎样把阿波罗月球探险计划进行到底，直至发射"阿波罗 19 号"。除了"阿波罗 11 号"和"阿波罗 12 号"外，还有 7 次月球飞行。

"1971年我们将把两艘不载人的飞船送入火星轨道，"佩因继续说道，"1972年把第一个探测器送上木星，1973年让一艘飞船飞经金星和水星。我们要着手设计复用航天飞机。

"按照原来的计划，1972年将利用现有的阿波罗技术发射第一个实验性航天站。这一项阿波罗应用计划将把一个大车间送入轨道，人将要在轨道上学习如何完成有益的任务，时间长达几个月。"

以上这些项目就是1971年的空间计划。

佩因博士公布这一被打了折扣的一揽子计划以后不久，就离开国家航空航天局，回到私人工业中去了。总统和国会不支持载人的火星探险，他被迫接受大大缩小了的国家航空航天局计划，对此他显然感到失望。

在此过程中，布劳恩一直待在国家航空航天局总部，骑虎难下，不知如何是好。要是他知道，佩因博士在国会拒绝接受火星计划之后会离开国家航空航天局，他当初也许就不会接受佩因博士的邀请到华盛顿来。此外，佩因博士的继任者詹姆斯·弗莱彻博士又马上对布劳恩说，他打算最大限度地利用大大减少了的国家航空航天局紧缩预算，坚持干到底。

布劳恩以总部代理助理局长的身份立即着手处理这一问题。这个问题是受两项最花钱的计划支配的：完成天空实验室航天站和复用航天飞机。这两项计划在大刀阔斧削减经费时得以幸存。

航天飞机计划成了一个极其重要的问题，因为当时给予航天飞机构型的计划发展经费是100亿美元，这实际上会扼杀国家航空航天局提出的所有其他空间科学计划和应用计划。

1970年初，天空实验室载人航天站进展情况良好，而且基础很扎实。但是航天飞机还处于襁褓阶段，处于十分初级的设计阶段。天空实验室是布劳恩最喜欢的计划之一，从土星计划开始的时候起就发展起来了。

就在亨茨维尔公民为布劳恩一家举行盛大欢送会的那一天，即 1970 年 2 月 24 日，阿波罗应用计划里的轨道车间计划重新命名为天空实验室计划。布劳恩来到华盛顿的新办公室时，天空实验室计划由 S-4B 轨道车间、密封舱、复式对接接合器和阿波罗望远镜等组成。1971 年初确定 1973 年 4 月 30 日为计划发射日期。

国家航空航天局总部载人宇宙航行处的天空实验室计划办公室负责计划的全面管理；亨茨维尔的马歇尔航天中心负责研制和装配多数主要部件，这些部件都是在布劳恩领导下造出来的；布劳恩则可以在他新的办公室里对这两单位的合作进行控制。

天空实验室飞行的许多目的，还有载人航天站的整个基本设想，布劳恩早在几十年前就已经阐述得一清二楚了。看到天空实验室计划取得圆满成功，布劳恩感到特别欣慰。实际上，和布劳恩长期共事的阿图尔·鲁道夫说，"20 世纪 30 年代，在库默斯多夫军官俱乐部布劳恩住的地方，他就已经在不止一个晚上谈到这种宇宙飞行的设想了。"

1972 年 5 月 14 日，在布劳恩的指挥下，肯尼迪航天中心成功发射了天空实验室。起飞很顺利，但是紧接着，天空实验室发生了严重问题。起飞后大约一分钟，天空实验室圆筒形主体部分——巨大的外部星体防护罩脱落，带走了一个未展开的太阳电池组，把穿过第二个电池组的一块金属片弄弯了，使剩下的这一极其重要的电源无法展开。然而，附着在阿波罗望远镜装置上面的其他 4 个太阳电池组按预定计划投入使用。

航天站太热了，动力又不足，迫使飞行控制中心的飞行控制人员必须在宇航员救难小组到达现场之前，找出使重达 100 吨的飞船保持稳定的办法。

天空实验室发射 11 天以后，修理小组进来了，带来了可以展开的遮阳板和几项临时匆忙设计制造的特殊工具。这些人员过去曾在马歇尔中心，按布劳恩的要求在水下试验箱里，认真地实践和模拟在失重情况下进行救援的每一个步骤，这些细致的准备工作得到了很好的回报。

修复成功后，遮阳板展开了，另一个太阳翼也能自由活动并且提供定额电力了，太空实验室开始执行它的预定任务。

在阿波罗计划的全盛时期，布劳恩曾因坚持要在马歇尔中心建造水下失重模拟试验箱而遭到批评。但是，当天空实验室的第一批宇航员回到地球上时，他们证实说，要不是利用了曾经引起争论的马歇尔中心水下试验箱，天空实验室的修理工作和航天站的成功飞行就无法完成。他们挽救了价值 20 亿美元的天空实验室计划，把一场迫在眉睫的大灾难转变为巨大的成功。

到年底为止，天空实验室已经绕地球 3350 多圈，先后 3 组每组 3 人的宇航员在里面住过。第三小组于 1972 年 11 月 16 日用火箭送抵天空实验室，执行无限期的飞行任务，后来持续达 84 天，于 1973 年 2 月 8 日在太平洋降落。

天空实验室计划取得了极大成功。正如一位专家所说的，单是太阳研究这一方面，地球上的科学家所得到的"材料真是车载斗量"。宇航员以前所未有的决心，在紫外线和红外线中拍摄了太阳和太阳表面上的详细现象。

天空实验室的宇航员还为一门新科学——失重加工和制造，奠定了基础。他们制造出在重力之下不结晶，但是在失重情况下结了晶的大型人造晶体物质。

他们还成功地证明，密度差别很小的物质的"电泳"分离，在失重情况下可以提高很多倍。这种技术在制药工业中大有发展前途。

在制药工业上，生产一种药物或血清所达到的纯度，往往是决定其安全应用的限制因素。

天空实验室的宇航员还收集了医学数据，为持久的载人失重飞行建立起一个医学数据基地，因为阿波罗计划还有种种其他飞行任务，确实可以建立起这样一个基地。

最后，许多科学家一致认为，天空实验室已经证明：由于该计划取得成功，并有实用价值，美国可以尽快开始建设永久性的航天站了。可以想象，这些航天站不但能容纳设备，还能住得下 12 名、20 名，甚至 50 名宇航员、研究人员和科学家。

布劳恩在国家航空航天局总部就任代理助理局长的职务时，不仅他领导下的天空实验室的工作进展十分令人满意，他还致力于改进 100 亿美元的航天飞机的棘手问题。

《假日》周刊杂志社得知后马上要求安排一次与布劳恩的会见，以讨论这个题目。

当时，国家航空航天局的设计人员所想象的航天飞机，是由两艘互相重叠的有翼飞船组成的。比较大的一艘包括助推器部分，驮在上面的比较小的一艘用作载人轨道飞行器。这两级都可以靠滑翔回到飞机场上，供下次再用。

"航天飞机两个组成部分的重复使用，能够返回发射场，将大大增加将来空间运行的机会，"布劳恩在与《假日》杂志记者的会见中说道，"发展航天飞机系统是很花钱的，但是因为航天飞机的组成部分可以反复使用，重复飞行不会太贵，所以从成本的观点来看，未来的各种空间运行会更加富有吸引力。"

他接着描绘道："由于有了航天飞机，就可以在空间使用标准实验室设备和仪表装置，至少在某些飞行任务中可以这样做。我们在不载人的飞船上所使用的某些自动化复杂设备，每 1000 克至少要花

20000 至 60000 美元，但是一些商业性的实验室设备和仪表装置大约只要花费这个数目的 1% 至 10%。因此，这种创新是有意义的。

"我们设想，航天飞机可以用于三种明显不同类型的飞行任务。

"第一种是直接把东西运送到相对低地轨道上，例如，把旅客或货物送到航天站上去，返航时又把另外一些旅客和在航天站且收集到的大量资料运回来。它还可以把一艘不载人的飞船带到低地轨道上，并由航天飞机的一个特殊飞行小组管理飞船随后的飞行。它还可以飞去找回已经坏掉或者需要翻新的人造卫星，把它拉到货舱里来进行必要的修理。

"第二，我们在航天局里预料，我们将会需要一种'突击式'的航天飞机执行飞行任务。这将包括在没有航天站的轨道上进行的、持续时间有限的载人科学飞行，譬如说，为期一星期或者一个月。例如，这样的飞行可能是在极近的太阳同步轨道上对太阳进行为期两周的专门研究。在这样的轨道上，你永远不会经过地球的阴影。太阳望远镜和增压舱将由航天飞机货舱运上天去，观察人员则在增压舱里工作生活、吃饭和睡觉，就像在活动房屋里一样。

"第三，我们预料，对大载荷飞行的需要将是经常不断的。这样的飞行将要求用一个炸弹状的大型货舱代替航天飞机驮在上面的那部分，而 3 台轨道飞行器火箭发动机则安装在其后部。航天飞机的第一级将再次以大约五倍于音速的速度分离出去，无翼货舱将继续把自身推入轨道。如果有效载荷轻一些，它甚至可以一直进入同步轨道，或者进入绕月轨道或行星轨道。

"你相信到本世纪末，真的会有成百上千各界人士遨游宇宙空间吗?

"是的。我预见，在宇宙空间将会有大量活动。当然，在宇宙空间旅行总是和在地球上旅行不同的。但是我们应当记住，今天是新颖奇特的事，明天就会变得习以为常。在现代机器、设备和技术进步发展起来之前，我们星球上有许多地方是旅行者无法到达的。内燃机、飞机、直升机、潜水艇和其他运输方式，加上有效的通信系统和导航设备，已经使我们能够对地球上所有的山脉和海洋进行探测。

"遥远地带如南极洲，禁区如撒哈拉沙漠，今天都已轻易可达。有许多年，一谈起罗尔德·阿蒙森和其他对我们星球的南北极地区进行探测的勇敢冒险家的故事，我便对他们肃然起敬。但是后来当我有机会到南极去时，我觉得自己并没有什么了不起。阿蒙森是坐着帆船和狗拉雪橇去的，而我的同事和我是舒舒服服地乘着增压加热飞机去的。"

布劳恩考虑到在国家航空航天局紧缩预算的情况下，这 100 亿美元的巨额开支可能给许多航天科学计划和航天应用计划造成大破坏，所以他反复向国家航空航天局新任局长詹姆斯·弗莱彻博士、副局长乔治·洛博士提出要研究一下，这个昂贵的设计方案是否可以用一个花钱比较少的方案来代替。

一个月以后，布劳恩搞出了一种新的航天飞机构型，可以使这个项目节省 50 亿美元，也就是节约研制开支的一半！

新设计的关键是，原来设计的有翼返航助推器将用固体燃料火箭助推器代替。这种助推器可以用降落伞降落在海洋上，进行回收，重新加注燃料，下次再用。最终结果将是一种简化的航天飞机，成本只要原来的一半。

1972 年 1 月 5 日，尼克松总统宣布，国家航空航天局将研制一种低成本的复用航天飞机，从而最后批准了这一方案。他说，这一系统的中心是一种能在地球与轨道之间穿梭往返的航天器。

轨道飞行器大体和 DC-9 飞机一般大小，长约 37 米，翼展约 24

米。轨道飞行器能够带着重达约 15 吨的有效载荷在普通跑道上着陆。

它将使近空间运输可以常规进行，因而发生革命性的变化。它将使航天学摆脱以天文数字计算的巨大开支。总而言之，它将大大推进把航天学应用于实际中，把空间科学中大量有好处的、有价值的副产品运用到美国人和全人类的日常生活中来。

在此之后不久，国家航空航天局宣布了一系列航天飞机合同。最初的研制阶段可以开始了。

1972 年 6 月 10 日美国航空航天局突然宣布，布劳恩已经辞去代理助理局长的职务。

至此，他已经为美国陆军工作了 15 年，为国家航空航天局工作了 12 年。尽管他可以更早就退休辞职，但是他还没有达到国家航空航天局法定的 65 岁退休年龄。

到底出了什么事，他怎么会突然辞职呢？他与上级和同事的关系都很好，他们也都极力挽留他。但是这个时候布劳恩觉得，实际上他对国家航空航天局已经没有多大用处了。

国家航空航天局今后 10 年的规划已经阐明得一清二楚，并为此订出了许多美好的计划。实际完成这些计划的任务已经分配给“专业组织”，即由国家航空航天局出类拔萃的部门负责人和各研究中心主任组成的领导集团。

布劳恩当时是国家航空航天局总部的一名职员，他的职责是计划“正式列入计划”以外的东西。但是因为全面的预算紧缩，要给任何重大的新目标开辟新起点实际上都已经成为不可能。

载人火星工程无声无息了，阿波罗登月计划已经接近尾声。天空实验室 8 个月飞行计划的准备工作，正在马歇尔中心顺利进行。下一代的大工程航天飞机分配给休斯敦的约翰逊航天中心，并已在节约开支的 50 亿美元的新设计方案基础上进行。

　　布劳恩当时才 60 岁。于是马上有人猜测，他可能会投向一家大型工业企业，如航天飞机的主要承包商罗克韦尔国际公司。人们猜测中的单位还包括波音公司、汤普森·拉莫·伍尔德里奇公司、国际商用机器公司或 10 多家大工业中的任何一家。多年来，布劳恩多次接到工业界的重金聘请。

　　他接受了费尔柴尔德公司的聘请。布劳恩认为，在即将出现的、旨在直接有益于人类的一切新的空间活动中，费尔柴尔德公司的直接电视广播卫星 "ATS-F" 是最有发展前途的一种。

　　1972 年 7 月，布劳恩平生第一次为一家私人公司工作，担任该公司工程和发展的副总经理。

受聘私人公司

费尔柴尔德公司在 20 世纪 70 年代初是一家已经成立 50 多年，由航空公司发展成的现代化公司，是美国的技术基地之一。

费尔柴尔德公司虽然不是真正的巨头，但是机构庞大，有 6 个分公司和分布在 7 个州的 8 家子公司。在业务方面，涉及的范围包括军用飞机和商用飞机、载人飞船、不载人的航天卫星、卫星通信系统、飞机和飞船的子系统和部件、航空座椅、航空食品和饮料服务设备、雷达系统和气象系统等。

当时，费尔柴尔德公司正在大力从事航天卫星业。把卫星技术用于地面服务以改善地球上人类的命运，肯定和布劳恩接受尤尔的聘请大有关系。

布劳恩盼望把他的大部分时间和努力用于促进各种卫星技术计划的发展，包括教育卫星、通信卫星、保健卫星、资源地图测绘卫星、环境控制卫星等。从野生动物保护到污染和海洋上的石油溢出，乃至于提高海洋学和生态学的研究水平。天气预报、飞机导航，甚至地震报警或地震研究等方面的卫星，也还有大量的工作可做。因此他预见，单在这一领域，费尔柴尔德公司就有无限的发展天地。

费尔柴尔德公司凭多年的行业经验认识到，航天通信的潜力实际上是无限的。它进行了深入的研究，发展和探讨设计原理，制造出为民用军需服务的先进系统。

　　布劳恩加入费尔柴尔德公司时，有关第二代直接电视广播卫星、为环球通信服务的下一代国际通信卫星、跟踪和数据转发卫星、定时卫星和太阳辐射卫星、地球观察卫星、小型技术应用卫星、空中交通控制卫星、多种任务卫星、使用核能源的多功能"公共汽车式"飞船、各种军用和分类航天器的合同研究，有的已经完成，有的正在进行。

　　布劳恩确实已经加入了一个将对他那先驱者的热忱和专事探索的头脑提出异乎寻常的挑战的组织。这里是肥沃的土地，可以充分发挥他的活力和始终如一的干劲，促进利用已获得的或即将获得的航天知识进一步为人类造福。

　　1972年7月，在布劳恩的参与下，费尔柴尔德公司正准备在不到两年时间内发射最引人注目、给人印象最深刻的不载人航天卫星，即直接电视广播通信卫星。

　　这种高度复杂的卫星，除了能完成许多其他任务之外，还能把电视节目播送给边远地区低成本的电视接收机，播放给阿拉斯加的爱斯基摩人，阿巴拉契亚和落基山脉各州的分散居民，甚至通信设备极为缺乏的印度村庄。

　　在需要双向电视线路的地方，例如，对没有医生的村庄里的病人进行遥诊，也可用大一点的、花钱多一点的地面站来满足这种要求。布劳恩马上和直接电视广播卫星的研究，以及把这种卫星进一步应用于其他国家的潜力，结下了不解之缘。

　　起初，直接电视广播卫星将只能为美国的特定地区服务。国家航空航天局的直接电视广播卫星，如果在赤道加拉帕戈斯群岛上空大约 36000 千米的地球同步轨道上，它就能和地球 24 小时的旋转周期协调一致，从而保持在地球上空的一个固定点上。

它将用于试验各种新的航天通信设想；向边远地区的小型低成本地面接收装置播送卫生和教育节目；航空和海上通信；定位和交通控制技术；飞船跟踪和数据转发。直接电视广播卫星总共将进行 20 多项技术试验和科学试验，其中有许多项已是国际范围的。

直接电视广播卫星设计的关键，也就是使这种卫星不同于过去一切通信卫星的因素，是设想把动力放在卫星里面，而不是放在地面上，使地球上的普通接收机能直接从卫星上收到电视和无线电广播。在地面上使用一个直径几十厘米的伞形天线对准卫星在空间固定位置的方向，就可以在辽阔的地区内，用普通民用电视机收看电视广播。

布劳恩加入费尔柴尔德公司时，直接电视广播卫星正在费尔柴尔德航天和电子公司的车间里进行装配，也就是在与费尔柴尔德工业公司总部毗邻的那座建筑物里。

直接电视广播卫星的重量约有 1.4 吨，其主要组成部分是一个地球观察舱，连接在一个可展开的反射天线上，天线展开时直径有 9 米。电力将由两个半圆筒形的太阳板供应。这是一艘复杂的、作用很大的飞船。发射日期定在 1974 年 5 月 30 日。

飞船一到站，卫生、教育和福利部的卫生—教育远距离通信试验将在落基山区、阿巴拉契亚各州、华盛顿州和阿拉斯加州进行。卫生—教育远距离通信将首次向这些边远地区的几百万美国人播送高质量的教育和卫生节目。这些地区多山，接收地面发射台的广播是很困难的。

地面接收设备是由小型伞形天线和一个小小的变频器组成的。它或者专为一台电视机服务，如教室里或医院里；或者把信号输送给当地的公共广播微波系统或电缆系统，从而大大增加电视观众。每套设备大约可为300个接收点服务，开支不到3000美元。

直接电视广播卫星的设计可以转播两种不同彩色电视信号，每种信号伴有4个声道，可以同时广播几种语言的节目。观众可以选听英语、西班牙语或者美国几种印第安方言中的一种。

早在发射直接电视广播卫星之前很久，布劳恩就产生了致力于研究进一步改进这种卫星的设想。因为这种卫星覆盖面受到限制，按照印度政府和美国政府之间的安排，将于1975年夏把直接电视广播卫星移到非洲维多利亚湖上空。这样一来，阿拉斯加、落基山脉各州和阿巴拉契亚地区的卫生和教育通信服务就要停止。

所以布劳恩满怀希望地认为，如果直接电视广播卫星证明是成功的，将来就有可能为全世界各个地区都提供一整套这种卫星。为进一步探讨这种设想，他到处旅行，并有机会和一些国家的领导人，如伊朗国王、印度总理英迪拉·甘地等，一起讨论通信卫星的未来潜力。

第一次阿波罗登月飞行成功以后，空间探测的魅力开始逐步消失。随后，航空航天工业一落千丈。在这种情况下，布劳恩仍然保持镇静。他坚持认为，在空间计划所带来的"附带结果"和副产品诸领域中，愿意重新组合的工业公司还是大有可为的。

1973年，国家航空航天局曾经宣布，单这一年，在开展综合技术利用计划中，作为航天技术附带结果的革新项目多达2000余例。

布劳恩说："自从11年前开始实行这项计划以来，已经登记和报告的革新项目有30000多项。这一努力是把蕴藏着极大好处的空间技术转为民用的焦点。结果，几百种重要新产品相应用项目变成了我们日常生活的组成部分。"

"如果你要挑选出一项空间技术的副产品，你首先想到的是什么呢?"有记者问。

"今年通过技术利用计划所采用的一项最激动人心的革新项目，也许是可再充电的心脏起搏器。这种独特装置是用原来设计作航天用途的电子元件改装而成的，是在国家航空航天局领导下，由约翰斯·霍普金斯大学应用物理实验室研制出来的。这种装置一旦植入，可由病人在家里用外部电源进行再充电，再也没有必要每两年动手术一次更换普通装置了，而且它比以前的起搏器更小更轻。

"空间计划还产生了具有应用于当代国内和国际问题巨大潜力的技术副产品。几年前，我们采用气象卫星探测出中东的尘暴、加利福尼亚的森林火灾和世界各地的水污染。美国国会委托的独立机构的调查表明：不久，通过空间研究所产生的知识，人类每年可以获得800多亿美元的利润。受惠的方面如医学、通信、食物、矿物资源和水力资源、地图绘制、大地测量、天气预报和控制、空气污染、空中和海上交通控制以及大量的工业和管理应用。

"我们现在有证据说明，我们有能力把空间技术用来为地球上的人类服务。拿地球资源技术卫星来说吧，自从去年7月发射以来，它已经用无线电发回2.6亿平方千米山脉、草原、沙漠和海洋、湖泊、江河、水库以及森林、牧场、农场和城市的实况。100多万张照片已经分发给美国的300多个调查机构和36个其他国家。

"从地球资源'技术卫星1号'所获得的情报和资料看，监视城市发展和计划未来土地利用是可行的。我们还可以估计庄稼产量，查清木材资源情况。地球资源'技术卫星1号'还帮助我们确定空气污染和水污染的地方，绘制露天矿和森林火灾痕迹的地图。

"它正在发现线性地形特征，这种地形特征已经出现一些令人惊异的考古学发现，可能有一天能帮助预报地震；它还正在勘探矿藏和石油。它帮助我们以现代化方式绘制地图、海岸图和领航图。此外，地球资源'技术卫星1号'还能监视火山，调查移栖性水鸟的繁殖地，研究水灾危险，确定海洋生物分布。

"我们发射地球资源'技术卫星1号'，路子确实是走得对的。最新的气象卫星'雨云5号'也是如此。它每天都在测量所有海洋上的雨量分布，这种资料是从来没有得到过的，而对于长期预报又非常重要。但是资源管理系统要有意义，就必须在全世界范围内使用。一切希望从它的巨大潜力中得到好处的国家都应该参加。"

"通过应用庞大的卫星系统能解决我们这么多紧迫的社会问题，你觉得人们对此能理解吗？"一个记者问他。

"如果他们至今还不理解，我们应该继续尽一切努力说服他们。"布劳恩说道。

1974年5月，在布劳恩的带领下，电视广播卫星组装完成，并在卡纳维拉尔角成功地发射升空，又一项空间奇想变成了现实。直接电视广播卫星取得巨大成功，高质量的卫生和教育节目播送到用户家里。而且使用了英语、西班牙语、印第安语等多种语言，受到广泛赞誉。

事后，布劳恩接受邀请，和费尔柴尔德公司总经理埃德·尤尔一起到阿拉斯加去，向州当局、军界和商界人士介绍将来单独为阿拉斯加发射一个直接电视广播卫星式的飞行器的可能性。

从阿拉斯加州南部的安克雷奇到北冰洋上的普拉德霍湾，布劳恩和官员们一起察看未开垦的丛林地带，一起出席会议。他对阿拉斯加极其严重的通信问题了解很透彻，使听众们深深感到吃惊。

布劳恩说："作为公共通信卫星的副产品，阿拉斯加可以获得大量的环境保护服务，例如，准确地确定阿拉斯加沿海水域的海上石油溢出的位置，监视管道破漏，维持海洋治安，防止外国渔船侵入，收集地震、洪水和森林火灾资料等。"

他接着说道："我劝你们尽快仔细考虑公用卫星问题，这对于阿拉斯加的子孙后代可能具有重要的意义。"

根据布劳恩的建议，阿拉斯加州对利用通信卫星来解决由于该州辽阔和荒芜的特点所造成的大量问题进行了不少认真的研究。直接电视广播卫星一年来已经引起了阿拉斯加州人的极大兴趣。后来，这项卫星按美印两国间协议被移至非洲上空为印度服务以后，人们感到文化生活中出现了极大的空白。

优秀的指挥

赫尔曼·奥伯特教授是布劳恩早期在德国从事火箭研究时的良师益友，他后来曾这样写道：

> 布劳恩是人类进入宇宙的先驱者。尽管障碍重重，但他对自己的目标从不动摇。他是新技术的创造者之一。他代表着一种新型的科学家，集学者、工程师和管理人员于一身。
>
> 他像一个乐队指挥一样，指挥着各种独奏演员，并懂得怎样把他们引向一个共同的目标。他的成功是建立在他的天才和干劲的基础上的，但是他的为人品质也同样重要。

特别是在亨茨维尔的岁月里，政府内外的美国航空航天界人士，对学者、工程师和管理人员三位一体的布劳恩的才能逐渐有了正确的认识。同布劳恩密切合作过的成百上千名专家中，许多人都还清楚地记得在各种工程计划中发生过的无数奇闻逸事。

有一次，发射和控制实验室的一个工程师小组花了很多时间，设计并研制出一种从导弹中释放出临时管缆连接器接头的机械装置。工程师们先在工作台上对这种装置进行了测试，为保证在表演给布劳恩看时能顺利运转，进行了多达 12 次的试验，并全部成功，于是把布劳恩请来看下一次试验。

工程师们很热心地表演自己的新发明，可是偏偏这次试验却失败了。现场的工程师们都感到非常尴尬，然而布劳恩没多说什么，只是向工程师小组指出：在他们邀请他的过程中，过多的试验次数使里面的钢珠磨伤了释放装置的插销。

布劳恩向他们建议，在插销里面放一个环槽，使钢珠和插销之间形成线接触，而不是点接触。工程师们按照他的意见对这一装置进行重新设计，加进了环槽。从此以后，临时管缆释放器再也没有出过毛病。

鲍勃·施温哈默是雷德斯通兵工厂早期的工作人员和计划管理人员之一。他回忆起他曾经领导一个工程师小组，为设计一种真空泵而拼命工作。有些专家说，他们需要这种真空泵来解决航天器某一段内部的湿度问题。尽管这项计划投入了大量工时，但是施温哈默却遭到挫折。

有一天，他在办公室里遇到了布劳恩，就向他提出这个问题。布劳恩看了看他，说道："鲍勃，你们应当变戏法——把真空泵送到外层空间的真空中去好吗？"他的意思是可以靠外层空间的真空环境来解决这个问题。

施温哈默回忆道，那一天他回去之后，对他的工程师们说："把那该死的真空泵给我搬出去！"施温哈默后来说，事情正如布劳恩的直觉所感知的那样，这个决定是正确的。

肯尼迪航天中心是美国的试验发射中心，一旦美国决定执行一项空间计划，那里横七竖八的庞大设备马上就会成为通向未来的手段。放置大型导弹和火箭的巨人般钢塔、发射台和控制中心，还有复杂的电子通信设备，投资达几十亿美元之巨。

在早期，这样那样的爆炸、不幸和失败时常发生，专家和公众都认为这是正常现象。可是，随着现代火箭技术的进步，每当火箭在发射阶段发生爆炸，布劳恩就变得越来越不能容忍。布劳恩时刻梦想着，能有那么一天，航天火箭会变得和航空班机一样可靠。

"红石"火箭、"丘比特"导弹和"土星号"火箭的一家主要承包商是克莱斯勒公司。

该公司航天分公司董事长劳里有一次回忆起共同取得的成就时说道："'土星号'火箭的质量很好，我认为首先应归功于布劳恩。布劳恩博士在接收我们的第一枚运载火箭时说，'火箭的质量和可靠性不是通过检查得到的，必须依靠制造过程中的一丝不苟，要以一种几乎是完全的宗教虔诚来进行工作。'我相信，布劳恩和他的同事所持的这种态度，同我们的空间计划取得伟大成就有直接的关系，同实现未来的空间计划也将大有关系。"

按照布劳恩的看法，机械故障、设备事故和设计不当都可以"通过操作排除"。但是因为人的骄傲自满和管理上的马虎而造成的失误，就必须用完全不同的办法来纠正。如果这种失误导致灾难或事故，情况往往特别令人痛心和沮丧。1967年1月27日，布劳恩和千百万其他的美国人就有过这么一次痛苦的经历。

那天晚上，华盛顿的街道上车水马龙，小轿车缓慢地挪动着，纷纷会聚到通往白宫的车道上。在白宫里，约翰逊总统正在设宴招待苏联驻美国大使安纳托利·多勃雷宁。经过了10年狂热的空间竞赛，耗费了几十亿美元和卢布，两国终于达成协议，签订了一项"和平利用外层空间"条约。

签字仪式是在当天的早些时候举行的。出席签字仪式的有苏联高级官员，一些最著名的美国政治家，国务院的代表和参众两院空间委员会的成员。美国的国家航空航天局派来了一个由新任局长詹姆斯·韦布亲自率领的，由各研究中心主任和高级科学家组成的代表团，引人瞩目。

此时，这些官员正在宴席上享用只有白宫才能搞得到的山珍海味，还有上好的威士忌酒、进口伏特加和鱼子酱。总统显得十分自信，因为条约已经签订，这对于约翰逊和他的政府来说无疑是一次政治上的胜利。

大约19时，一名白宫助手挤过人群，找到国家航空航天局局长詹姆斯·韦布，告诉他有紧急电话。韦布向旁边的贵宾说了声"请原谅"，就离开宴会大厅。

他拿起话筒，听到该局公众事务副主任朱利安·希尔的声音。希尔语气沉重地向韦布报告，肯尼迪航天中心出了事故。34号发射台上在进行模拟飞行试验时，注满纯氧的座舱发生了大火和爆炸，3名美国宇航员当场遇难。

詹姆斯·韦布面容严峻，回到招待会上，将此次灾难告知了总统，随之宣布宴会结束。在这样的时刻披露这种可怕的消息，再没有比这更煞风景的了。

国家航空航天局立即行动起来了，韦布把他的高级人员召集到马里兰大街400号的局总部里来。国家航空航天局的官员们，对于已经成为他们的朋友的宇航员之死，感到非常震惊和悲痛。在他们感到遭受损失的同时，出于职业的角度，有些人也在担心，整个空间计划会不会因此而停顿。

吉尔鲁思博士立即下令，在肯尼迪航天中心和休斯敦封锁消息。塞缪尔·菲利普斯少将是新近任命的负责阿波罗登月计划的华盛顿官员。他要求把这次试验的一切设备、装置和记录冻结封存起来。

然后他坐上一架国家航空航天局的专机匆匆赶到肯尼迪航天中心去，亲自掌管 34 号发射台。

与此同时，韦布和他的其他高级人员商量，准备指定一个专家小组领导调查委员会。他们在马里兰大街工作到深夜。他们知道，第二天早晨国会和报纸就会沸沸扬扬，质疑和责难声就会铺天盖地涌来。实际上，国家航空航天局的高级官员还在总部开会的时候，国会空间委员会的成员们就已经在通过电话进行协商，准备在报纸上发表声明了。

韦布指出了这一悲剧事件对整个航天计划意味着什么。"我们历来清楚，迟早会发生这样的事情，"韦布说道，"但是不能让这样的事故阻碍计划的进行，我们的航天计划还要继续下去。首先，我们要停下来找出事故的原因，但是我们将继续前进。虽然每个人都意识到，总有一天宇航员可能遇难，但是有谁料到第一次悲剧竟然会发生在地面上呢？"

布劳恩说："格斯·格里索姆、爱德华·怀特和罗杰·查菲之死，使我们与土星—阿波罗计划有关的全体人员失去了 3 位好朋友，3 名空间探测的勇敢先驱者。他们的死使我们想起了罗马格言'历经艰险，终成大业'。这 3 名宇航员之死更迫使我们勇往直前，以证明他们不会是白死的。因为他们自己曾说过，征服宇宙是值得冒生命危险的。所以我们可以想象，他们一定也期望我们敢于冒生命之险把这一事业继续下去。"

电台和电视台实况转播出殡仪式。千百万美国人在收听收看，一派肃穆，就像又一次看到了肯尼迪总统的葬礼。寒气逼人的空气中，回响着马蹄的"嘚嘚"声，运载过肯尼迪遗体的那一辆炮兵弹药车的轮子"吱嘎"作响。吹过安息号以后，棺材上的国旗被小心地折叠起来，交给死者的遗孀。

消息开始透露出来，说是灾难发生之前曾经出现过充分的先兆，这些先兆显然被忽略了，或者完全置之脑后了。有几个记者仔细地阐述了阿波罗系统的致命缺陷。

布劳恩没有直接参与研制阿波罗的各种密封舱。他的任务是制造"土星号"火箭助推器，把月球飞船送上天。

国家航空航天局和美国国会经过长时间的彻底调查以后，最后得出结论：航天器除了设计上的一些问题外，还存在着人员粗心大意以及某些方面管理不善的问题，而"土星号"火箭性能良好。

34 号发射台发生事故以后，布劳恩准备进一步确保在他的责任范围内不发生类似事件。他和马歇尔航天中心的高级人员开了好几次会，并且让他的工业界承包商也知道，在工程方面不做出最大努力，在工艺上，特别是在质量控制方面没有达到最好水平，他都是不能容忍的。

实际上，这是他与"土星号"火箭承包商打交道的一贯方式。他现在所做的只不过是重新强调一下而已。阿波罗事故发生几个月后，《华盛顿邮报》编辑雷斯特勒普披露，国会议员威席·瑞安曾经透露，布劳恩在 1967 年 2 月 15 日曾写信给北美洛克达因分公司，指责这一家公司的某些做法，"如果这种情况继续下去，将会引起严重事件"。

国家航空航天局局长韦布 1967 年 9 月 14 日在给瑞安的信中写道："经过试验和清洗之后，发现发动机里有异物微粒。布劳恩博士马上采取有力措施，指导有关的承包商改正这些不足之处。"

《华盛顿邮报》的文章说："布劳恩的信谈到 H-1 发动机，这是为土星 1-B 火箭提供动力的。明年在月球飞行之前，准备用这种火箭把 3 名宇航员送入地球轨道，进行飞行演习。信中还谈到 J-2 发动机，这种发动机是土星 1-B 和巨大的'土星 5 号'月球火箭所通用的。发动机由洛克达因公司制造，火箭各级本身则归克莱斯勒公司制造。"

现在回顾起来，土星火箭计划的成功实在令人惊叹。许多科学家说，它的影响无法估量。从工程学的角度看，它可以和生产出原子弹的曼哈顿计划相媲美。整个阿波罗计划的规模还更大，是人类最令人敬畏的事业。

所有的"土星号"火箭飞行都取得成功，一切飞行任务都胜利完成，宇航员一个也没有死，也没有在空间发生孤立无援的情况。这些都是和布劳恩的能力和献身精神分不开的。实际上可能有人会问，他对工业界和马歇尔中心的工程师们那么严厉，要求那么严格，他们可能并不怎么感谢他吧？

国家航空航天局设在雷德斯通的科学部代助理主任乔治·布克在给布劳恩的一封信中，回忆起1956年4月他刚参加布劳恩团队时，被布劳恩开会讨论技术问题和做决定的方式吸引住了："有时我心里想，'天啊，这会得开到什么时候才结束呀！每个人都觉得他必须发言。为什么布劳恩博士不采取强硬立场，中止讨论，做出他自己的决定呢？'

"当时我几乎没有意识到，你是有意地在用独特而又巧妙的办法主持会议。让每个人都有机会发言以后，你才把大家的意见综合起来，使每个人都感到自己对你所规定的目标和提出的行动纲要出过主意，因而必须承担义务。

"然后他又转向那些在讨论中持不同意见的人，问道：'这个意见你听了怎么样？可以求同存异吗？'他们总是这样回答的：'我将尽力支持。'会议结束时，每个人都知道要做什么，而且对将要做出贡献的每个实验室的实力和弱点、有利条件和不利条件都了如指掌。"

在布劳恩的计划和工程中，彼此密切配合的概念占有重要地位。熟悉他的人都知道，几乎在有关火箭或空间技术发展的每一次讨论中，他都会使用"集体"或"协作"这样的字眼。几乎在他的每次讲话中，特别是在他接受奖品和纪念品时发表的演说中，他总是把功劳归于集体。

"探险者1号"发射10周年的时候，纪念委员会主席邀请他在华盛顿全国报业俱乐部的午宴上讲话。他说，只有把詹姆斯·范艾伦博士和威廉·皮克林博士也请来，平等分享这种荣誉，他才肯接受邀请。因为，皮克林是曾经制造出"探险者号"卫星的喷气推进实验室主任，范艾伦博士制造的测试仪器组件，在试验中发现了围绕地球的"范艾伦辐射带"。

这种集体概念在佩内明德起过作用。布劳恩坚持认为，这种概念在雷德斯通兵工厂也能起作用。他说，今天火箭技术已经扩大到燃料化学和特高频无线电、应力分析和超音速空气动力学、材料研究和陀螺仪、纯数学和工厂管理等技术领域。一个人的脑筋是不可能完成这么多工作的。就像打棒球一样，固然需要优秀队员，但是这些队员之间互相配合的好坏才决定他们是劲旅还是弱队。

"靠管理部门的命令，人为拼凑起来的研制机构，在高级导弹系统的竞赛中，是没有成功的希望的。这种任务只能由一个和谐稳定的工作团队来完成。"在20世纪50年代，当许多人提出马上消灭"火箭差距"的灵丹妙药时，布劳恩就曾经对五角大楼的高官们这样说过。

"在一个优秀的集体里，有一种归属感、自豪感、集体荣誉感，大家的行动就会带有自发的成分。一个优秀的集体应该像一棵树或一株花一样，慢慢地有机地成长。要使一个优秀的集体成长开花，管理部门所能提供的只是健康的工作环境。管理部门就像园丁一样，要让花得到合适的土壤、阳光、水分和肥料，其他的任务大自然自会完成。

"建设一个集体是一个缓慢的过程。如果操之过急，往往要出毛病。施肥过多，花会枯死。不提供足够的时间，让新成员互相了解，也会给一个健康的集体的成长带来严重的损害。不管是科学家、工程师还是机械师，都必须学会正确评价同事的才能和造诣。在导弹研制和宇宙飞行方面，因为根本说不清哪一个专业组更重要，所以这一点意义尤其重大。

"一批科学家和工程师一旦学会像一个整体一样共事，他们就会嘲笑谁重要谁不重要的辩论，因为他们认识到，他们是互相依赖的。"

布劳恩还说，"我认为，下列诸因素是最基本的，实际上也是一个成功的导弹研究团队所必不可少的：最大限度地委派权力是必要的。导弹牵涉的方面很多，需要来自各种不同科学领域的大量专家。在导弹计划中，被委以领导重任的人应该谦虚，要认识到他们也和比较低级的同事一样，必须依靠集体的力量。用专横的方式管理导弹计划，要取得成功是不可能的。

"有效而且不断的上情下达和下情上传也同样重要。这里，负责的领导人同样应该谦虚，要承认更多的好主意往往来自技术团队的具体工作人员，而不是来自管理部门。管理部门几乎总是忙于计划、预算，处理人事、合同等问题。因此，如果一个大型研制机构的具体工作人员想出来的好主意，无法让高级管理部门知道，那么，这个集体就要退化。"

布劳恩回顾了早期一枚"红石"导弹在飞行途中出问题的情况。遥测记录显示，出事之前飞行情况一切正常。根据遥测记录还可以确定问题可能出在什么地方。可是，怀疑出问题的地方恰恰是在实验室中经过许多次试验仔细检查过的，因此一切解释听起来都很矫揉造作。

提出了好几种理论，大家认为其中一种可能性最大。于是根据这种理论提出了补救办法。就在这个时候，发射组的一位技术员打电话给布劳恩，说要见他。他来到布劳恩的办公室，告诉他，在发射前的准备工作中，他曾经把某一个接头拧紧，以确保良好的接触。

他这样做的时候，用一把螺丝刀碰到了一个接点，并引出火花来。因为这件小事发生过后，整个系统检验情况良好，所以他也就没有去注意它。但是现在大家都在议论故障可能就出在那一台设备上，他想把情况告诉布劳恩，供他参考。

布劳恩很快带着大家进行了研究，发现问题确实就出在那里。不用说，基于错误的判断而提出的"补救办法"撤销了，一切保持原样不变。

布劳恩送给那位技术员一瓶香槟酒，因为他要让每个人都知道，诚实不吃亏，即使有把自己牵连进去的危险也不要紧。"像火箭研制这样艰巨的集体努力，绝对的诚实是完全不可缺少的。"他说。

"任何人都不可以，也不应该免除一个集体成员在他特定范围内的个人责任。况且，集体成员往往对这种责任很有自豪感，很乐意承担。但是，在像火箭计划这样耗资数百亿美元，风险很大的工程中，一个人应该可以确信：如果他尽了最大努力，但还是招来麻烦，的确出了问题，那么管理部门将会给他以支持。"

最后一点，一个优秀的集体需要有健康的新陈代谢。按照布劳恩的说法是，"在一个有生气的集体中，每个人都应该有公平的提升机会。没有这种机会，这个集体就会停滞不前，一事无成。

"保持提升机会的唯一办法是不断吸收青年人。这种吸收新鲜血液的做法，可以使集体能经得起关键性人员的损失，这种损失不仅是由于年老和死亡，而且在自由经济中也是不可避免的。可是，健康的新陈代谢不应当和人员大接班混为一谈。前者是一个健康集体的标志，而人员大换班则清楚地表明一个集体出了问题。"

对布劳恩的工程天才和献身精神最为感谢的是那些宇航员，布劳恩在他家的私人图书室里有一本皮封面的书，这本书是头3个登上月球的人写的，上面的题字是：

献给韦纳：
　　是您的主张和预言、您的宣传和研究、您的扶持和促进，使我们捷足先登月球。

尼尔·阿姆斯特朗

巴兹·奥尔德林

迈克·科林斯

外太空猜想

布劳恩说："在航空史上，我们看到赖特兄弟的飞机，迅速发展成为50年代的螺旋桨飞机，在商业上取得成功。但是，后来喷气发动机取而代之，在几年之中，速度、有效载重量、经济和舒适等方面都跃进到了新的水平。随着空间技术的发展，也会出现同样的情况。这并不是想入非非。"

布劳恩指出，与1958年发射第一颗"探险者"卫星时相比，今天把一定的有效载荷送入轨道，开支要少得多。当时，把500克重的东西送入轨道得花50万美元，10年以后，"土星5号"只要花500美元，仅为初期的0.1%。

布劳恩说："复用航天飞机可能使价格进一步降低到60美元的水平。采用安全的核火箭动力，我们就的确能做到经济上划算，尤其是在深空。同样的重量，核反应比化学反应释放出的能量多几百万倍。只要我们有火箭装置，一枚'土星5号'的3千吨推进剂就可以用一两千克核燃料代替。

"在某种意义上的确存在着对宇宙空间的巨大兴趣和全面的宇宙观。由于旧信念的消亡，人们渴望有一种宇宙哲学，需要了解我们究竟是谁，是怎样到地球上来的，便是这方面的明证。我相信对于这些基本问题的新兴趣，是我们的空间成就引起的特别是人登上月球和对邻近行星的探测引起的。

"大家对宇宙空间最感兴趣的可能是宇宙论和搜寻地球外生物。卡尔·萨根在他的《宇宙联系》一书中写道，这些课题拨动了人类相当一部分人的共鸣弦。我完全同意他的看法，搜寻地球外生物，可以成为大家支持太阳系内外的空间实验的关键。

"英国焦德雷尔班克射电天文台台长伯纳德·洛弗尔爵士指出，在银河之中可能大约有 10 亿个有行星系的恒星，在整个宇宙中则应当有几万亿个。伯纳德爵士说，可以排除大量的恒星成为生物住所的可能性，因为它们可能不具备像我们地球上的温度和环境的稳定条件。但是，宇宙还有围绕着这些恒星运转的大量行星，可能具备和我们类似的环境条件。即使如此，地球上生命的起源又怎么解释呢？从生物学的意义上讲它是独一无二的吗？"

"你认为我们能有效地与太阳系以外的其他聪明的文明世界通信吗？"布劳恩的一个朋友问他。

"你得知道，行星之间距离是如此之远，一个信息要到达另一个有居民的行星，可能需要几百年、几千年，甚至几万年，很难进行及时的通信。比如能确定有这样一个行星，并搞清楚他们的语言后，你可以发出一个电讯，说：'地球向你问候，你好！'几千年之后，回音来了：'很好，谢谢。你好！'

"如果我们的后代有一天能掌握光子推进技术，他们就能够以接近于光的速度飞行，那么设想有一天能实现载人的星际飞行，就似乎不是完全不可能的了。但是不要忘记我们讨论过的时间相对变慢效应！进行这种冒险飞行的宇航员，就他们自身而言，可能一去几十年，而在同一时间内，地球上可能已过了上千年。"

"你相信我们地球上的人会在太阳系内部进行扩张，也许会把一些行星开拓为殖民地吗?"朋友继续问他。

"我相信，"布劳恩加重语气回答道，"征服宇宙空间才刚刚开始，但是它已经使我们的生活发生了极其重要的变化。在今后的年代里，这些变化会对我们的社会结构、政治生活和经济产生重大的影响。但是，空间科学目前还处在婴儿期。今天它所处的地位和飞机在基蒂霍克第一次成功飞行几年后的地位一样。当时如果有人告诉赖特兄弟，我们将会有一种能在两顿饭之间的时间内穿过整个国家的运输系统，他们将会大笑起来。

"50年后，宇宙时代的奇迹将会展现在人类的眼前。那时，也许好几国考察队已经到金星和火星上去了，载人的探索性航行将会伸展到木星、土星以及它们的天然卫星。

"到月球去的航行将成为家常便饭。同现在正在南极洲进行的探索工作没有什么两样，将来也会有一些国家在月球上设立半永久性的研究站，进行大量的勘探、测量、隧道开凿，甚至规模有限地进行稀有矿石和矿物的开采活动。

"在月球上一些特别适当的地点，将修建起永久性的、舒适的供居住用的建筑物。它们将吸引更多的科学家和探险家来充实月球实验室和天文台。这些地方设备齐全、密封、装有空气调节器。有些地方可能有天文观测窗，可以很好地观察月球上的壮丽景色。

"现在地球已经被许多人造卫星所包围，所有这些卫星都成了太阳系的正式成员。将来还会出现更多的卫星，有载人的，有不载人的，大小、用途、国别、轨道高度、轨道倾角各异。有些卫星将取代邮递员的工作，附带说一句，这种卫星是最赚钱的。

"这种卫星保持在地球定常轨道上，像是固定在旋转着的地球的赤道某一点上空，能接收拍发给它们的电报并播放给另一地点。快速编码技术，结合宽频带宽度和地面站网，就能为家家户户提供传真邮件快速输送系统，做到一切通信绝对保密。只要有这样的通信卫星，就能处理全部私人和官方的通信邮件，不仅包括美国国内的通信，而且兼及地球上任何地点之间的联络，所有电报从发到收都不会超过一小时。

"现在，甚至连拟订开拓火星和金星殖民地的详尽工程计划，都还没有足够的资料。确实可能存在重大障碍，以致使整个计划成为不可能，或至少是使计划失去吸引力。另外，在其他星球建造人造居住点，不是工程上可不可能的问题，而是成本问题。只要地球上还留有人类可以居住的地方，人们就会拿在沙漠、丛林、两极地区，甚至在海底建造住宅的成本与其进行比较。但是我毫不怀疑，人绝不会把自己局限在我们小小星球的范围之中。

"人已把活动范围扩大到整个地球，自然也将把活动范围扩大到其他行星。人总是不断努力获取一切可能获得的知识。人类不会在最使人感兴趣的自然之谜面前停滞不前，尤其是在空间技术提供了解开这些谜的必要手段时停滞不前。空间探测和空间住所问题可能带有更大的困难和冒险性，这将对最强大的国家和最优秀的民族提出特别强有力的挑战！

"18 世纪的科学家要预见 19 世纪电机工程的产生，需要有非凡的远见卓识。19 世纪的科学家要预见 20 世纪的核动力工厂，也需要有同样的灵感触发。无疑地，21 世纪也会有同样令人惊讶不已的事物，而且还会更多。

"21 世纪将是在外层空间进行科学活动和商业活动的世纪，是载人星际飞行和开始在母星地球之外建立永久性人类立足点的世纪。"布劳恩肯定地说。

最后的时光

　　1975 年 8 月下旬，玛丽亚和布劳恩到安大略省去度假。"黎明时分的清新宜人，密林深处的芬芳沁人，使我变得年轻，"他说，"我又一次领略了富有加拿大恬静风味的荒野和不受污染的禁猎区。"

　　一天早晨，他发现自己有轻微的便血症状。起初，他并没太在意。几个星期后，便血的情况又出现了，且比前一次严重得多。

　　回到华盛顿，他立即前往约翰斯·霍普金斯医院。专家们确定他患的是大肠恶性肿瘤，必须立即进行手术。

　　他被严格隔离起来，但是他生病的消息很快传遍了全世界。报纸、电视等新闻媒介对他给予高度关注，祝愿如雪片般飞向他的办公室。

　　他住进约翰斯·霍普金斯医院。然而在起初看来很成功的手术之后，他持续高烧，产生了一系列并发症。由于暂时不能进食，只靠静脉点滴，一个月后，他的体重减少了 9000 克。

　　直至 9 月 29 日布劳恩才出院，医生严格叮嘱他不能紧张。而闲不住的他利用住院和在家恢复的 4 个星期读了十多本书。

　　虽然身体不再健康，但他意志仍然坚强。布劳恩在 11 月初又回到马里兰州费尔柴尔德公司办公室的书桌旁。不久后，他继续参与刚建立不久的全国航天协会的工作。

布劳恩知道自己的病很重，但他说，也许他是世界上少见的真正感到心满意足的人之一。"有幸几乎终生担负重任，以帮助实现自己童年时代幻想的人，你还能举出很多来吗？如果我明天就死去，我回顾自己的一生是充实的，激动人心的，得到了很多报偿的。一个人还有别的什么可求的呢？"

1977年初，即将卸任的福特总统授予布劳恩国家科学奖章，并由费尔柴尔德公司主席爱德华·乌尔亲自带至医院颁发给布劳恩。

布劳恩因肠癌于1977年6月16日病逝于亚历山德里亚市，终年65岁。

新上任的卡特总统说："对众多的美国人而言，韦纳·冯·布劳恩代表着太空探索及技术的开创性应用……不只美国人民，世界上的人类都因他的努力而受益。"

布劳恩在马歇尔航天中心的接班人威廉·卢卡斯博士在亨茨维尔的布劳恩市中心奉献仪式上介绍布劳恩时说："布劳恩博士对世界的主要贡献之一是，在空间探索变为现实之前他就对此坚信不疑。他专心致志，梦寐以求，百折不挠，终于以他的天才和不屈不挠的努力使它变成了现实。

"美国的空间计划与布劳恩的名字比与任何其他人的名字都更紧密地联系在一起，并已经产生了许多实际效益。它提高了生活的质量；它及时振奋了美国的精神和全世界的类似精神；它提高了人对宇宙的估价；它开阔了人的眼界；它刺激了经济；它继续推动着科学和技术的发展……"

附：年　谱

1912 年 3 月 23 日，生于德国维尔西茨（今波兰维日斯克）。

早年就读于瑞士苏黎世联邦工学院。

1930 年，结识德国火箭专家奥伯特，开始研究火箭。

1932 年，毕业于夏洛滕堡工学院。

1932 年 10 月，受聘于德国陆军军械部，从事火箭研究。

1934 年，获柏林大学物理学博士学位。

1934 年 12 月，研制的 A-2 火箭试射成功。

1937 年，转到佩内明德研究中心，任技术部主任，领导研制 V-2 火箭。

1945 年，德国投降，布劳恩到美国陆军装备设计研究局工作。

1950 年，转到"红石"兵工厂研制弹道导弹。

1956 年，任美国陆军弹道导弹局发展处处长。在他的领导下先后研制成功"红石"、"丘比特"和"潘兴"导弹以及"丘比特"-C 火箭。

1958 年 1 月 31 日，用他设计的"丘比特"-C 火箭成功发射了美国第一颗人造地球卫星"探险者号"。

1958 年 10 月，布劳恩成为新建立的美国国家航空航天局的领导成员。

1960 年，任马歇尔航天中心主任。

1961 年，任肯尼迪总统的空间事务科学顾问，分管阿波罗计划，领导"土星"号运载火箭的研制工作。

1969 年 7 月，用他领导设计的世界上最大的火箭——"土星 5 号"火箭，第一次把人类送上了月球。

1970 年，卸任马歇尔航天中心主任一职，担任美国国家航空航天局主管计划的副局长。

1972 年，辞去副局长职务，担任费尔柴尔德工业公司的副总经理。

1976 年，因病退休。

1977 年 6 月 16 日，布劳恩因肠癌在弗吉尼亚州亚历山德里亚市逝世。